잘 살고 싶은 마음　　　　오주환

잘 살고 싶은 마음   오주환

"왼쪽 레버를 돌리면, 가스만 나오고 삶이
죽음처럼 희미해진다. 잘 살고 싶은 마음을 안다.
잘 살고 싶은 마음. 나는 결국 하나도
바꾸지 않을 거면서 기질에 반하려 애쓰고 있다.
오른쪽 레버를 돌리면서."

필름

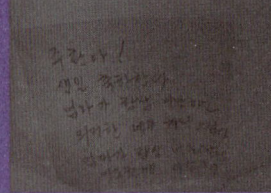

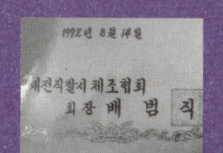

차례

서울은 _____ 14

여름이 완전히 끝났다 _____ 17

하나은행 _____ 18

아저씨 _____ 20

석봉 토스트 _____ 21

세팅 _____ 26

시간은 강속구처럼 빠릅니다. _____ 28

버스 _____ 30

이상한 계절 _____ 31

카카오톡 _____ 33

컵라면을 기다리며 _____ 35

어쩐지 무서워지는 것들 _____ 37

철창 _____ 39

고장 난 _____ 40

해체의 변 _____ 42

더 나은 사람 _____ 44

정보 값 ———— 46

연체료 ———— 47

나를 지키는 방법 ———— 49

불꽃놀이 ———— 52

메리 크리스마스 ———— 54

튼튼 영어 ———— 58

체조 꿈나무 ———— 60

교복모델 선발대회 ———— 62

드라이브 ———— 65

11시 30분 ———— 67

자식들은 부모의 영향을 많이 받는다 ———— 71

엄마와 나 ———— 73

불우한 시절 ———— 78

유스타키오관 ———— 80

잔상들 ———— 82

성담곡 ———— 83

기타 레슨 _____ 85
서른 즈음에 _____ 86
데미안 라이스 _____ 88
1200km _____ 90
나의 비밀스러운 공간들 _____ 91
당신에게는 어떤 알레르기가 있습니까? _____ 92
모더레이트 드링킹 _____ 96
부작용 _____ 98
병원 _____ 102
중국인 거리 _____ 103
잘 살고 싶은 마음 _____ 104
이승열 _____ 108
이승열 두 번째 _____ 110
취한 말들을 위한 시간 _____ 112
유상혁 _____ 114
가수의 목 _____ 116

20만 원 _____ 118

흰 수건 _____ 121

문어소년 _____ 123

어떤 날 _____ 125

매트리스 _____ 126

Bike _____ 136

사랑 _____ 137

카드론 _____ 140

콩 벌레 _____ 143

광주 _____ 145

19.5도 _____ 148

하고 싶은 일 _____ 150

안 하면 0, 뭐라도 하면 _____ 153

제제 _____ 159

가난한 사람의 시간 _____ 161

진주 _____ 163

심야식당 ──────── 164
거리 음악가에 대한 단상 ──────── 166
해고 통보 ──────── 170
아수라장 ──────── 174
담배가 짧다 ──────── 175
허무한 나날들 ──────── 176
발라드 ──────── 178
죽은 돼지 ──────── 179
무해함과 유해함 ──────── 181
반성의 시간들 ──────── 183
헛것 ──────── 187
약 먹을 시간 ──────── 189
당연한 건 없다 ──────── 190
흑묘백묘 ──────── 191
토니 타키타니 ──────── 193
여기서 그대를 부르네 ──────── 194

애니멀 _____ 196

평양냉면 _____ 197

민주네 _____ 200

다시 민주네 _____ 201

슬픔의 완벽한 패배 _____ 202

순환선의 풍경 _____ 205

기질에 반하고 싶다 _____ 207

탁심 _____ 209

삐에르 가르뎅 _____ 215

기묘한 밤 _____ 218

내 옆에 있는 사람 _____ 220

앨범을 낼 때 마다 _____ 226

클럽 빵 _____ 230

작가의 말 _____ 233

1장

서울은

서울은 요즘 눈이 많이 내린다지?
서울은 요즘 하루하루가 춥다지?

 지금 머무는 곳은 캘리포니아 남쪽에 있는 얼바인이라는 곳이야. 세상에서 가장 따분한 동네처럼 느껴지는 곳이지. 하지만 날씨 하나는 따뜻한 곳이야. 그래서 한파라든지, 폭설이 내린 날 청담동에서 스키를 탔다는 사람의 얘기라든지, '내일이 올해 들어 가장 춥습니다.'라는 어제랑 똑같은 말을 하는 앵커라든지 하는, 이런저런 뉴스들이 정말 하나도 실감이 안 나. 하지만 나는 매일 밤 눈 쌓인 골목길을, 김이 모락모락 피어오르는 군고구마 통을, 네가 좋아하는 귤을, 그 가로수길을, 꽁꽁 언 한강을, 그 위를 지나는 지하철을, 웅크린 채 잠을 자는 을지로입구역 노숙자들을, 두꺼운 외투를 여미고 종종걸음으로 걷는 조심스러운 사람들과 추운 겨울이 된 서울을 생각해.

미국은 정말로 커다란 나라여서, 길게 난 도로를 따라 한참을 가다 보면 어느 순간 계절이 바뀐 것 같은 신기한 경험을 하기도 했고, 이국적인 풍경에 차를 멈추고 이따금 기타를 치기도 했고, 알퐁스 도데의 〈별〉보다도 많은 별이 밤하늘을 수놓은 광경을 넋 놓고 올려다보기도 했어. 하지만 이것만으로 충분히 행복했다고 말할 수는 없어. 왜냐하면, 내가 그토록 바라는 걸 여기선 찾을 수 없었기 때문이야.

그래서 나는 때때로, 나를 찾아오는 순간적인 느낌들을 놓치지 않으려고 애썼어. 침대가 두 개인 방에서 잠 못 들 때, 버려진 것처럼 남겨졌을 때, 너무 오래 걸어야 했을 때, 사람들이 나를 진심으로 대해주지 않을 때, 돈이 얼마 남지 않게 되었을 때, 말이 통하지 않아서 억울했을 때, 너무 오래 기다렸거나 잃어버릴 게 없는 길을 잃었을 때. 대개 그럴 때 나는 낯선 세상을 여행하고 있구나. 지금 부딪치고 있구나 하고, 실감할 수 있었어.

여행이란 건 어디서 잠을 자고, 무엇을 얼마만큼 보고, 어디까지 갔는가 하는 것보다도, 무엇을 어떻게 느꼈는지를 언제라도 정확하게 말할 수 있는 게 중요한 게 아닐까 싶어. 고생한 기억이 오랫동안 남는 이유처럼 말이야. 그래서 조금 더 멀리 가는 것이 지금 내게 얼마만큼 중요한 걸까 하는 생각을 해봤어. 이곳을 떠나 보면 아마 알게 되겠지. 그곳을 떠나와서 알게 되었던 것처럼.

    감기 조심하렴. 언제나 아프지 말고.

여름이 완전히 끝났다

여름이 완전히 끝났다. 나는 '이제 가을이 왔구나.'보단 '아, 여름이 완전히 끝났다.'고 느끼는 편인데 이 둘의 차이는 야당과 여당처럼 미묘하게 다르다. 여름이 가고 가을이 오는 건 자명한 일이지만, 우리가 아는 건 지난날 있었던 일뿐이다. 변치 않는 사실이 과거다. 그 경험은 대부분 기억할 수 있고, 그래서 쓸모를 떠나서 안다고 말할 수 있다. 하지만 딱 거기까지. 하루아침에 바뀌는 날씨처럼 우리는 앞으로 벌어질 일에 대해선 아는 게 하나도 없다. 정말이지 미래는 아무도 모른다.

하나은행

　벌써 몇 년째, 돈을 꾸거나 갚으면서 살아가고 있습니다. 소득 없는 삶이 불안하지 않다면 새빨간 거짓말입니다. 개의치 않으려 해도 이런 상황들은 음악에 적잖은 영향을 끼칩니다. 대개 이때쯤 되면 소득 여부에 따라 음악을 계속 할지 말지 그 기로에 서게 되는데, 열에 아홉은 눈물을 머금고 포기하고, 0.5명은 미련 없이 떠나고, 나머지 0.5명만이 살아남습니다.

　만약 이 위기를 잘 넘긴다면 앞으로 평생 음악을 하며 살아갈 가능성이 커집니다. 아! 물론 소득의 여부와는 상관없는 일입니다. 음악하는 동생들은 많은데 형들은 별로 없는 이유이지요(일단 형들에게 박수!!). 빌려본 사람은 알겠지만 사실 돈을 빌리는 일은 어렵습니다. 심지어 당당히 돈을 꾸기란 상당히 어렵기 때문에 인간이라면 빌리고 나서도 의기소침해지기 마련입니다. 그럼에도 불구하고 가급적 다른 일을 안 하는 이유는 음악만으로 승부를 보고 싶은 마음이 강하기 때문입니다. 프로라면 그 가치를 소득으로 인정받기 마련인데 저는 아직 입에 풀칠하는 수준을 못 벗어났기 때문입니다. "할 놈은 결국 어떻게든 해낸다." 뭐 이런 말을 마음 한구석에 놓고, 빨리 포기하라는 압박을 견뎌내고 있는 것입니다.

아저씨

　산 정상에 올라가면 팔에 노란 완장을 차고 사진을 찍는 아저씨가 있다. 비가 오는 날을 제외하고는 거의 매일 산꼭대기에 올라가서 태극기를 걸고, 사진 찍기를 기다린다. 하지만 요즘은 누구에게나 디지털카메라가 있고, 휴대폰으로 사진을 전송한다. 완장 찬 아저씨에겐 아무도 사진 찍어주세요, 말하지 않는다. 그렇게 아저씨에게는 점점 사진을 찍는 횟수가 줄어들고, 셔터 한번 못 눌러보고 산에서 내려오는 날도 많아졌을 것이다. 그만큼 주름도 깊어졌을 테지.

　그래도 오랜 시간 사진을 찍어온 아저씨는 쉽게 카메라를 놓지 못하고, 오늘도 가파른 오르막을 올라왔을 것이다. 어쩔 수 없는 마음으로. 어쩔 수 없는 걸음으로. 넌지시 짐작만 가능한 헛헛한 심정으로.

석봉 토스트

예전에 집 앞에는 석봉 토스트가 있었다. 거기서 동생들 토스트 사주고 그랬었다. "형 치즈 넣어도 돼요?"라고 특유의 저음으로 물어보던 태우랑 "야 뭘 그런 걸 물어봐. 형 치즈 넣어도 되죠?"라던 형철이 특유의 고음이 떠올랐다. 우리는 9900원짜리 치킨을 진짜 자주 먹었다. 돈도 많이 없을 때였지만, 매일 위닝 내기를 하고 치킨을 시켰다. 주말마다 모여서 맨유 경기를 보고, 위닝을 하고, 치킨을 먹고, 또 위닝을 하며 뒹굴던 시절. 그야말로 위닝의 '리즈 시절'이었다. 2:2, 3:3, 4:4 토너먼트, 모여서 뒹굴던 아이들이 많아서 유니폼도 맞추고 축구팀까지 결성했었다.

물론 지금은 그 아이들도, 가게도 없다. 참 많은 것이 바뀌었다. 동네에 슈퍼가 없어지고, 약국이 없어지고, 꽃집, 열쇠집, 중국집이 없어지는 동안 누군가는 결혼을 했고, 다른 누군가는 회사를 차렸고, 또 다른 누군가는 디자이너가 됐고, 누군가는 헤어졌다.

'이 길을 몇 번쯤 걸었을까?'

문득 집 앞 내리막길을 걷다가 이런 생각이 들었다.

'13년을 살았으니 왔다 갔다 최소한 천 번 넘게 걸었겠지.'

이 길을 너무 많이 걸은 것 같다는 생각이 들어서 같이 걷던 형에게 말했다.

"나 늙은 것 같아."
"살았으니깐 늙었지."

뻔한 말인데 너무 맞는 말이었다. 늙은 형이 계속 말했다.

"그냥 늙었냐. 밥 먹고, 술 먹고, 게임하고, 연애하고, 음악하고, 공연하고, 모델하고, 뭐 많이 했으니깐 늙었지."

"내가 뭐 많이 했나?"

"지금 어린 애들은 이게 다 처음일 거 아냐. 했어도 몇 번 안 했겠지. 근데 넌 많이 했잖아."

계절이 수차례 반복되고, 가게가 생겼다 없어졌다가, 동네가 변하는 걸 지켜보면서 서른이 훌쩍 넘어버렸다. 지루한 것도 모르고 똑같은 것들을 십 년째 반복하고 있다. 변하긴 했어도 홍대는 여전히 예술가가 많은 동네다. 타투도, 피어싱도, 독특한 옷차림도, 파티도, 헌팅도 넘치는 이곳은 모든 게 짬뽕된 몇 안 되는 동네다. 그렇지만 사람들은 어느 시기를 거치면서 이곳을 떠나가곤 했다. 자신의 자리를 찾아갔다. 나 역시 음악을 하러 홍대로 흘러들어와서, 이곳에서 청춘을 보냈다. 십 년을 넘게 살았으니 너무 오래 있었다 싶기도 하다.

내 생각에 홍대에는 방부제 같은 게 있다. 그 안에 있을 땐 모르다가도 막상 홍대를 벗어나면 (방어막이 없어져) 어떤 것들이 갑자기 드러나곤 하는데, 이를테면 홍대에서는 용인되는 삶의 방식이 (내 긴 머리가, 옷차림이, 그리고 콧수염이) 강남이나 시청 혹은 여의도 출퇴근길의 사람들과 섞일 때면 심한 이질감이 들어 울적해지곤 하는 거다. 나만 다른 삶을 사는 기분. 그런데 다시 홍대로 돌아오면 언제 그랬냐는 듯 괜찮아진다. 홍대에 오래 살다 보면, 그리고 젊은 친구들과 어울리다 보면 내가 늙었는지 안 늙었는지를 가늠하기 힘들게 된다. 또 이런 이유로 머뭇거리기만 할 뿐, 이곳을 벗어나질 못하고 있기도 하다. 이런 걸 삶에 안주한다고 하는 건가? 그런데 이게 안주할만한 삶인 건가? 이렇게 나는 몇 년째 내 삶의 다음 단계로 나가길 주저하고 있다. 피터 팬 증후군에 걸린 것처럼.

언젠가 잡지에서 '서른은 스물을 절대 이길 수 없다.'라는 구절을 읽은 적 있다. 요즘은 서른인데 나잇값 못하고, 스물처럼 너무 오래 산 게 아닌가 하는 생각이 자꾸 든다. 오빠라는 말 몇 번 못 들어봤는데, 그 말을 조금 더 들었더라면 이렇게 아쉽지는 않았을까? 20대의 삶을 30대까지 끌고 가다 보니 내적 충돌이 자주 일어난다. 그리고 자꾸만 얇아진다. 허벅지도 머리카락도. 점점 얇아져서 월남쌈 먹을 때 싸 먹는 라이스페이퍼처럼 얇아진 것 같다. 물에 젖는 날엔 투명해져서 내가 잘 보이지 않는다. 얇아지지 않으려면 뭘 해야 할까? 그간 버텨왔던 완고함을 버리고 좀 더 유연해져야 하는 걸까?

어둡다. 7시가 되었지만, 밖은 아직 캄캄하다.

조용한 방, 카톡 하고 소리가 울린다. '오늘 서울의 날씨 –6.' 매우 추운 아침이다. 창문 틈에서 한기가 느껴진다. 지금 지하철은 아마 출근하는 사람들로 가득 차 있을 것이다.

아침 지하철을 타본 지 너무 오래돼서 잘 기억도 나지 않는다. 비가 오나 눈이 오나 매일 아침 일어나 세수를 하고 옷을 챙겨 입고, 일터로 향하는 사람들이 지금 밖에 있다. 그중엔 태우도, 형철이도 있다. 나는 아니다. 나는 침대 안 이불속에 몸을 쑤셔 넣고 타자를 두드리고 있다. 야구게임을 하고, 음악을 듣고, 뉴스를 검색하고, 페이스북을 보고, 인스타그램을 봤다. 40대가 돼서도 이렇게 살아도 될까? 그건 아닌 것 같은데. 어찌 됐든 이 미숙한 삶에 변화가 있길 바란다.

내일은 아마 더 춥고 어두울 테니.

세팅

요즘 컨디션이 엉망 중 엉망이라 그를 극복하기 위해 서점에 갔다. 서점에 가는 것만으로 약간의 위안이 되니까. 수많은 책 사이에서 코를 킁킁거리며 집으로 가져갈 책을 골랐다. 책의 이상한 이끌림. 허수경 님의 신간을 샀다. 시집은 가격이 싼 편이다. 유통기한 없이 두고두고 쓸 수 있는 팔천 원짜리 처방이랄까? 거기엔 이런 문장이 있었다.

'내가 너를 생각하는 순간 나는 너를 조금씩 잃어버렸다 이해한다고 말하는 순간 너를 절망스러운 눈빛의 그림자에 사로잡히게 했다 내 잘못이라고 말하는 순간 세계는 뒤돌아섰다'

몇 장을 넘기자 이런 문장도 눈에 들어왔다.

'아직도 둥근 것을 보면 아파요. 둥근 적이 없었던 청춘이 문득 돌아오다 길 잃은 것처럼'

기타 세팅을 기다리며 시집을 읽는데, 그와 함께 나도 조금 세팅되는 기분이 들었다.

시간은 강속구처럼 빠릅니다.

시간은 강속구처럼 빠릅니다.

그러나 백수의 시간은 늘 남아돌아서, 남아도는 그 많은 시간에 집중력 있게 게임을 합니다. 대부분을 거기에 할애합니다.

그러다 남는 시간에 생각을 합니다. 무엇을 어떻게 쓸 것인지, 그리고 왜 써야 하는지를 생각합니다. 사람들이 바글대는 서울 같은 곳에 살면서, 백수는 매일 이렇게 돈 한 푼 안 되는 생각만을 하며 하루를 보냅니다.

또 아침입니다. 또 토요일입니다. 백수는 담배를 피우던 그 입으로 자신의 나이를 하나씩 소리 내어 세어보다가, 문득 자신이 8회쯤 온 듯한 느낌을 받습니다.

"꽝!!"

방망이를 돌릴 틈도 없이 강속구가 미트에 꽂힙니다.
스트라이크. 아웃.
담배 연기가 파아란 저 위로 저 위로, 뿔뿔이 흩어집니다.

버스

　늦도록 잠을 자고 필동에 나가 냉면을 먹었다. 제육에 소주를 한 병 마셨고, 해물집에 자리가 없어 동국대 후문에 있는 중국집에 갔다. 배가 불렀지만, 탕수육 중자냐 소자냐를 고민했고 연태 고량주를 한 병 시켰다. 그리고 어쩌지 못하는 측은함을 얘기했다. 측은한 사람의 측은한 행동을.
　버스를 탔다. 버스 탈 나이란 게 따로 있을 리 없지만, 마흔 넘어서까지 시내버스만을 타고 다니면 조금 슬플 것 같았다. 나이를 더 먹으면 버스를 타지 말아야지 생각했다. 결국 그렇게 살아지게 될까봐 싫은 거겠지. 더운 날 정류장에 서서 언제 올지도 모르는 버스를 기다리는 일은 힘들기만 할 뿐 더는 낭만적이지 않다. 그런데 버스를 타면 〈네 멋대로 해라〉에 나왔던 양동근, 이나영 생각이 난다. 바람이 더워지면 〈커피프린스〉 생각도 난다. 벌써 시간이 이만큼이나 흘렀다.

이상한 계절

이상한 계절입니다.
이상한 바람이고요.

지금 제가 덮고 있는 이불은 두꺼운데도 웬일인지 가슴 한구석이 시린 것이 선연하게 느껴집니다. 정말 이상한 마음입니다. 어제 저녁땐 자박자박하게 조린 고등어조림과 노릇하게 잘 구워진 고등어구이를 그렇게 실컷 먹어놓고서, 눈을 감는 법을 모른다는 생각에 눈시울이 붉어졌습니다.

나는 정말 이상한 사람입니다.

나는 저 달이 초승달인지 그믐달인지 모릅니다. 하지만 달을 봅니다. 우두커니 서서 어스름한 하늘을 봅니다. 내가 설명할 수 없는 색깔로 나뉘진 지평선을 보고, 별을 보고, 길게 뻗은 구름을 보고, 어쩐지 자꾸만 번지는 주황색 불빛들을 봅니다. 바람은 쌀쌀하지만, 지금쯤 어딘가에서 내가 사랑하는 것들을 누군가는 보고 있을 겁니다. 그래서 나는 이 이상한 계절이, 이상한 마음이, 이상한 바람이 우리가 사는 이 도시를 맴돌지 말고, 그저 스쳐 지나길 바라봅니다.

카카오톡

- 잘 지내세요

 새벽 4시. 물음표나 어떤 기호도 없이 내게 온 이 한 문장에 나는 덜컥 겁이 났다. 몇 년 전에 번호를 주고받은 후 서로 단 한 번 연락한 적이 없었고, 친구도 아닌 분이 내게 왜 이 말을 남겼을까, 곰곰이 생각해보았다.

 나는 다음날이 되어서야 그분이 실수로 물음표를 빠트린 게 아니었을까 가정하고 답장을 보냈다. 허나 어찌 된 일인지 답장은 아직까지도 오지 않고 있다.
 인간은, 그리고 생명은 끈질기다고도 하지만, 주어진 고통을 긴 시간 참고 버티기엔 우리가 가진 보호막은 너무 얇은 건 아닐까 생각해보았다.

    공기가 없는 곳에서는 단 오 분도 살 수가 없다.

    고통에 노출된 이들에겐 너무 위험한 세상이다.

컵라면을 기다리며

한동안 라면을 먹지 않다가 요새 다시 먹기 시작했다. 컵라면에 물을 붓고, 그 위에 올려놓을 것들을 찾았다. 식탁 위엔 물티슈, 스테인리스로 된 커다란 재떨이 통, 먹다 남은 주스에 끈 담배꽁초들, 그리고 몇 갑의 담배가 있었다. 마땅한 게 없어 그냥 담배를 올려놓고 4분을 기다렸다. 결혼하지 않기로 한 삶이 이런 것일까? 좀 더 잘 살아야겠다는 생각이 들었다.

김훈의 〈라면을 끓이며〉엔 이런 문장이 있다.
"모르는 사람과 마주 앉아서 김밥을 먹는 일은 쓸쓸하다. 쓸쓸해하는 나의 존재가 내 앞에서 라면을 먹는 사내를 쓸쓸하게 해주었을 일을 생각하면 더욱 쓸쓸하다. 쓸쓸한 것이 김밥과 함께 목구멍을 넘어간다. 세상은 짜장면처럼 어둡고 퀴퀴하거나, 라면처럼 부박하리라는 체념의 편안함이 마음의 깊은 곳을 쓰다듬는다."

어쩐지 무서워지는 것들

시력이 자꾸만 나빠지는 형과 청력을 잃어가는 동생. 이 둘은 지독한 예술가인데, 잃을 게 아무것도 없는 그들에게도 그것은 어쩐지 무섭게 느껴진다. 레이먼드 카먼의 소설을 손으로 더듬더듬거릴 수도 있다는 사실이 두드리는 키보드처럼 현실적일 때, 여섯 알의 약을 단번에 삼킨다.

엄습하는 상실감은, 울지 않는 것보다, 부스러지는 손톱보다, 끊임없이 먹어야 한다는 사실보다도 어쩐지 무섭게 다가온다. 담배만 피워도 배가 고프지 않았으면 좋겠다. 일곱 알의 약을 단번에 삼킨다.

보고 싶지 않은 것들과 듣고 싶지 않은 것들이 넘치는 세상이지만

그래도 끝까지 남아서 더 많이 보고 더 많이 듣고 싶은가 보다.

철창

일이라는 건
언제나 변할 가능성을 품고 있기 때문에
다른 상황에 직면했을 때
그 상황을 얼마나 부드럽게 받아들이느냐 하는 문제는
맹수 앞
철창의 존재 여부만큼이나 중요하다
그렇게 생각했다.

고장 난

항상 그렇지만, 오늘도 늦었다.
서둘러 화장실로 들어가 뜨거운 물을 틀었는데
시간이 흘러도 계속 차가운 물만 나온다.
방이 뜨끈뜨끈한 거로 봐서 보일러가 고장 난 것은 아닌 것 같다.
칫솔을 입안에 쑤셔 넣은 채
욕조에 쭈그려 앉아 뜨거운 물이 나올 때까지 기다린다.
담배 한 대를 피울 정도의 시간이 지나고
머리를 감는다.
뜨거운 물이 잘 나오다가 어느 순간 갑자기 차가운 물로 바뀐다.
"에이 씨발."

울림이 좋은 화장실에서 풀리지 않은 목소리가 퍼진다.
보일러가 고장 났다고 봐야 하는 걸까?
뜨거운 물을 틀면 뜨거운 물이 곧바로 콸콸 나오는
성능 좋은 보일러 같은 사람이라면야 좋겠지만,
애석하게도 난 그러지 못한 것 같다.
뜨거운 물이 나와야 할 때 제대로 나오지 못한 적도 있고.
갑자기 차가운 물이 나와 버려 놀란 적도 많다.
언제부턴가 항상 그런 식이다.

나는 고장 난 걸까?

해체의 변

　보스턴 레드삭스는 월드시리즈에서 뉴욕 양키즈에게 내리 3연패를 당했다. 레드삭스의 광팬인 지미 팰론은 친구들과 펍에 들렀고, 그곳에서 우연히 레드삭스의 주전 포수 제이슨 베리텍과 외야수 쟈니 데이먼을 본다. 그들은 그곳에서 밝은 표정으로 식사를 하고 있었다. 이 광경을 목격한 친구는 광분하며 이런 말을 내뱉는다.
　"참 아이러니하다. 우리는 속이 터지는데 경기에 지고도 어떻게 태연하게 저럴 수 있지?"
　지미 팰론은 그럴 수 있는 그들이 오히려 부럽다고 말한다.
　"그들에게 야구는 직업이야. 목숨 걸 일이 아니야."

　선수의 입장이 되어본다. 매일 매일 경기를 치른다. 어처구니

없는 실수가 벌어지기도, 뜻밖의 행운이 따르기도 한다. 운동장에서 벌어지는 모든 일을 받아들이는 게 신상에 좋을 것 같다는 생각이 든다. 야구장 안 일을 밖으로 가져가봤자 아무 도움이 안 된다. 잘한 경기도 빨리 잊는다. 망친 경기는 더 빨리 잊는다. 선수에게는 내일의 경기가 있고, 그래서 오늘 경기를 망쳤다고 낙담할 필요가 없는 것이다. 패배를 크게 담아두지 않는 선수의 그것은 모든 걸 담아두는 팬들의 심경과는 조금 다른 것이다.

오늘 마지막 합주를 끝냈다. 가장 많이 공연했던 곳에서 마지막 공연만을 남겨두고 있다. 길었던 연애도, 밴드도 결국엔 끝나는 것을 보면 참 허탈하다. 나를 지탱하던 것들이 썰물처럼 빠진 후에 한동안 힘들었다. 무엇을 하든 재미가 없었다. 그런 것들을 견딜 수 없어 나는 자꾸만 자신을 혹사했다. '바닥이 어디쯤일까?'란 생각이 들 무렵, 작은 승리가 줬던 기쁨들이 떠올랐다. '성취감이란 단어를 써도 좋을까?' 반짝이는 그것들이 다시 내게 손짓했다.

실패했지만, 나는 여전히 좋은 선수가 되고 싶다. 찬물로 세수를 하고 열심히 밥을 챙겨 먹으며 내일의 경기를 준비할 것이다. 아쉬움은 남지만 담아두지 않고 묵묵히 앞으로 나아갈 것이다.

---

*밴드 '이스턴 사이드킥'은 2016년 5월 마지막 공연을 끝으로 해체했다.

더 나은 사람

미술관에 갔을 때
꽃을 사서 걸어 다닐 때
빅 이슈를 살 때

내가 더 나은 사람이 된 것만 같은 기분이 든다.

서울컬렉션에 섰을 때보다
유명잡지에 나왔을 때보다
클럽에서 공연을 할 때보다

어느 할머니의 짐을 들어주었을 때
하나 남은 우산을 네게 주었을 때

흐뭇한 기분이 든다는 걸, 뿌듯해한다는 걸 알았다.

정보 값

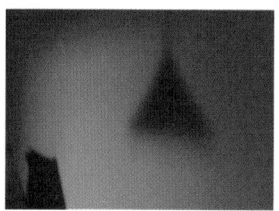

나는 오랜 시간 정보 값과 거리가 먼 것들을 보거나 듣거나 읽었다. 그리고 그것들이 쌓여서 넘치면 때때로 글을 쓰거나 음악을 만들며 보냈기 때문에, 내 안에서 나온 것들은 대부분 정보 값과는 무관하다. 하지만 나는 그것이 부끄럽거나 잘못됐다고 생각하진 않는다. 그렇게 걷기도 하고 뛰기도 하면서 그림자를 쫓아가는 게 나란 인간인 것이다. 심지어 마음 상태가 깊어지면 그림자에게 이런저런 감투를 씌어보곤 한다. 잡히는 게 없으니 쉽게 씌어질 리가 없다.

물 한 컵 먹고 다시.

연체료

토요일인데 혼자 영화를 보러 가긴 그렇고, 그냥 집에서 비디오를 빌려보려고 오랜만에 대여점에 들렀다. 몇 개를 골라 계산대에 올려놨는데,

"손님, 연체료가 꽤 있네요."

연체료가 만 오천 원이나 있었다. 있는지도 몰랐던 연체료였는데……. 별수 없이 난 만 원짜리 한 장을 더 꺼내서 연체료를 치르고 나왔다. '연체료가 있었나?' 곰곰이 생각해 보니까, 대여점에 가면 항상 한두 개밖에 못 보면서도, '이거 봐야 해!' 하면서 몇 개씩 빌려와 뒤늦게 밤에 몰래 슬쩍 놓고 오거나 비디오 통에 넣거나 한 것 같았다. 쳇. 연체료가 만 오천 원이라니.

내 마음을 빌려줬으나 제때 돌려받지 못해 받아야 할 연체료는 없을까?

아님, 누군가의 마음을 빌려놓고도 모른 척 그냥 지나쳐, 줘야 할 연체료는 없을까?

나를 지키는 방법

떠나온 지 한 달째. 일어난 지 얼마 안 됐는데, 어김없이 해가 드리워지더니 이내 어두워졌다. 요 며칠 무언가에 강하게 붙들려 있는 기분에 집에만 있었더니, 겨울의 낮이 이상하리만큼 짧게 느껴졌다. 게다가 며칠 동안 뭔지 모를 억울함 비슷한 마음이 계속 스며들었고, 스며들다 못해 차오른 마음은 찰랑거리다 결국엔 넘쳐흘렀다.

이 지경까지 됐으니, 어쩔 수 없이 밖으로 나가야만 했다. 그러고 보니 주말을 그냥 흘려보낸 것에 대한 아쉬운 마음이 드는 것도 오랜만이었다. 거리는 일요일 저녁에 외식을 하러 나온 사람들로 붐볐다. 딱히 먹고 싶은 것도 없고 해서 아무 식당에나 들어가려다, 손님이 한 명도 없는 작은 식당을 발견했고 나는 그곳으로 들어갔다. 왕가위 영화에 나오는 홍콩의 식당처럼 테이블이 5개

정도 있었고, 직원은 주방에 한 명 카운터에 한 명이었다. 주로 피자 배달을 하는 가게 같았는데, 테이블엔 메뉴도 없어서 카운터에서 주문을 해야 했다. 잠시 고민하다 나는 가장 저렴해 보이는 6달러짜리 스파게티를 주문했다. 텔레비전에선 레이커스와 미네소타의 NBA 경기가 한창이었고, 내가 아는 유일한 선수인 코비 브라이언트는 야투를 계속해서 실패하고 있었다. 그사이 조금도 기대하지 않았던, 마늘빵 두 쪽과 함께 나온 스파게티는 보는 것만으로도 '저는 맛없는 6달러짜리 스파게티입니다.'라고 말하는 듯했다. 한 치의 오차도 없이 토마토소스 3달러어치와 면 3달러어치가 흰 접시에 담겨 있는 것 같았고, 그것은 뭔가 간결함의 정석을 보여주는 듯했다.

다른 첨가물이 전혀 없는 스파게티를 먹으며 '지금 내 상황이 딱 저만큼의 음식일 수도 있겠다.' 하는 생각이 들자 나는 외로워졌다. 지독히 외로운 식당에서의 지독히 외로운 일요일 저녁 식사는 지독한 향수병을 불러일으켰다. 다시 잠들고 싶은 심정. 돌아가고 싶은 심정. 모든 것이 분명하게 그리워졌다. 고향의 냄새를 맡고 싶었고, 내 차를 몰고 싶었고, 집에서 밥을 먹고 싶었고, 맛있는 커피가 먹고 싶었고, 무엇보다 진심으로 나를 대해주는 사람들이 보고 싶었다. 그리하여 나는 일요일 저녁 그 낯선 식당에서 어찌할 줄을 모르고 있었다. 이런 보잘것없는 것을 보려고 온 게 아닌데……. 하지만 궁핍한 생활 속에선 나를 잃어버리는 것만 같은 그 느낌이 지속적으로 찾아왔고, 그렇기 때문에 이렇게 하잘것없는 일에도 의미를 두는 것만이 나를 지키는 유일한 방법으로 여겨졌다. 절벽 끝에 선 나약한 존재가 자신에게 날개 같은 건 없다는 걸 알고 떨어지지 않으려 애쓰는 심정이랄까. 나는 점점 사라지는 투명인간이 되지 않으려고 정말 작은 것에서도 의미를 찾기 시작했다.

불꽃놀이

오늘도 술을 꽤 거나하게 걸치고 들어왔지만 아랫집에서 울리는 타악기 소리에 선잠에서 깨고 말았습니다. 레게풍과 소울풍의 음악들을 거쳐 미카까지 흘러나오는 내 등 아래는 마치 다른 세계처럼 요란했습니다.

불 꺼진 방안에서 홀로 믹스된 청춘의 환호들을 듣고 있자니, 불현듯 너무나 조용한 내 집이 죽어버린 나무처럼 느껴져 나는 밖으로 뛰쳐나가고 싶어졌습니다.

저렇게 놀던 때가 있었습니다. 밤새워 먹고 마시며 떠들던, 하루하루가 크리스마스였던 재미나던 시절들이 있었습니다. 지나칠 정도로 우리 집을 좋아하고 나를 따르던 동생들이 있었습니다.

하지만 애석하게도 나는 이제 그들에게 완전히 잊힌 듯합니다. 한때 나는 이 청춘의 모든 것이 너무 귀찮고 지겹고 한심하게 느껴져 모두 다 내치려 한 적이 있었습니다. 안락하고 안정적인 삶을 꾸려나가고 싶어서 죽마고우 같던 그들에게 이별을 고했습니다. 그렇게 그들은 해고당한 실직자처럼 맥이 풀린 채 뿔뿔이 흩어졌습니다.

오늘 같은 날 깜깜한 밤하늘 아래서, 하늘을 수놓았던 불꽃놀이처럼 화려하고 시끌벅적했던 내 청춘, 그들과 함께해 더없이 유쾌하고 아름다웠던 그 청춘이 끝나가는 것을 올려다봅니다. 나는 내가 너무 늙은 척을 하는 건 아닌지 곰곰이 따져봅니다. 이제 전혀 다른 청춘이 어쩌면 청춘은 아닐지 모르는 인생이 내 앞에 놓여 있음을 나는 또 압니다.

크리스마스가 지나면 크리스마스를 치워야지.
꼬마전구를 끄고 찬물로 세수를 하고
아침을 꼭 먹어야지.
황무지 같은 앞날을
우직한 소처럼 일궈나가야지.

메리 크리스마스

크리스마스 시즌에는 공연을 하느라 몇 년째 큰아버지 제사에 참석하지 못했습니다. 근데 사실 이건 핑계고, 저는 제사를 싫어해서 언젠가부터 의사표시를 확실히 했습니다. '나는 이제 안 간다.' 하고. 수학 가르치는 일을 관두고 지금은 서울에 올라와 다른 일을 하고 있는 병호는 크리스마스만 되면 돌아가신 아버지 생각에 가슴이 먹먹해진다고 그랬습니다. 그래서 자기는 9년 전부터 크리스마스가 즐겁지가 않다고 내게 말했습니다.

몇 년 만에 공연도 없고, 거의 매일 얼굴을 보는 병호도 마음에 걸려서 이번 크리스마스에는 함께 대전에 내려와 제사도 지내고 샴페인도 마시며 시간을 보냈습니다. 잘하는 일인지 모르겠지만, 그래도 남아있는 사람이 훨씬 중요하지 않나 하는 생각에 형으로서 선물도 주고 뒤늦게 나름 애를 썼습니다. 하지만 병호 얼굴에선 여전히 어딘가 모르게 쓸쓸함이 묻어나서 마음이 안 좋았습니다.

기일을 정하고 갈 수는 없는 노릇이니, 많은 사람에겐 생일이나 기념일, 혹은 크리스마스 같은 날들에 슬픈 날들이 겹쳐지곤 합니다. 이렇게 탄생의 기쁨과 죽음의 슬픔이 포개어졌을 때 우리는 쉽게 즐거워지기 어렵습니다. 죽음의 힘은 워낙 커서 모든 것에 덧칠을 하게 됩니다. 좋아져도 괜찮을 오늘 같은 날, 온전히 기뻐하지 못하는 사람들을 한번 생각해봅니다.

그들에게 특별히, 메리 크리스마스.

2장

튼튼 영어

어릴 적, 엄마는 내게 튼튼 영어를 하도록 하셨다. 아침마다 유니북스 선생님으로부터 전화가 왔다.

"헬로, 주환?"

"굿모닝, 티쳐."

뭐 이런 식의 어색한 아침 인사를 나누고, 영어로 십 분 정도 대화를 나눴다. 처음엔 잘하다가 점점 늘어지기 시작한 나는 손바닥에 한글을 적어 그대로 읽는 꾀를 부렸다. 없는 형편에 영어를 가르치려 했던 엄마도, 전화 끊고 곧장 화장실로 달려가 열심히 손을 닦던 나도 진짜 대단했다. 하지만 그 짓도 결국엔 오래 못 가서 도시락 싸던 엄마한테 걸려 등짝 스매시 맞고 그랬다.

그래도 그때 발음 하나만큼은 지금보다 좋았겠지. 새 앨범 역시 영어 가사 곡들로 준비 중인데 발음에 애를 먹고 있다. 녹음 때

성중이가 발음을 봐줬는데 도저히 못 해 먹겠는지 발음교정 선생님을 구해보기를 내게 권유했다. 알 발음은 정말 어렵다. 특히 뒤에 붙은 알 발음. 십알. 몸도, 혀도, 기억도 점점 굳어지고 있다. 그래서인지 어떤 기억이 나면 스트레칭을 하듯 그를 쭉쭉 늘린다. 오늘은 전화벨이 울리고 엄마가 분주하게 도시락을 준비하던 오래전 아침, 집안 그 풍경이 문득 그리웠다.

체조 꿈나무

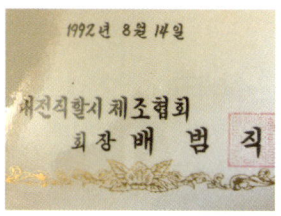

국민학교 3학년 때 높이뛰기 기록을 세우는 바람에 지역에서 가장 유명한 선화 국민학교 체조부에 임시로 들어가게 됐다(왜 육상부가 아니었는진 잘 모르겠다). 그렇게 일본영화에 나올법한 훈련장에서 체조 꿈나무들과 함께 훈련을 시작했다.

아침부터 해가 질 때까지 매일 구슬땀을 흘렸다. 요령이 뭔지 모르는 나이였고 다만 관심이 필요한 나이였다. 나는 뒤처지지 않으려고 꽤 성실히 훈련에 임했는데, 그렇게까지 열심히 한 이유가 단지 그것뿐이었는지는 너무 오래되어 잘 기억이 나질 않는다. 아무튼 체조에는 여러 가지 종목이 있는데, 나는 마루와 트램펄린에서 두각을 보였다. 내가 열 살인데, 이렇게 돌아도 되나 싶을 정도로 돌았던 것 같다. 여름 내내 날씨는 맑았고 매미가 우는 소리도 공중에서 참 크게 들렸다.

그렇게 애니메이션 같던 여름이 끝나던 날, 러시아 코치로부터 스카우트 제의를 받았다. 그러나 엄마는 단칼에 거절해버렸고 그 이야기 역시 한참이 지난 후에야 내게 털어놓았다. 엄마가 밉지도 좋지도 않았다.

매미울음도 여름방학도 오래전에 끝났던 것이다.

교복모델 선발대회

　중학교 때 길을 걷다 우연히 교복모델선발대회 포스터를 봤다. "김설영 교복 학생 모델 선발대회." 어디서 그런 용기가 났는지 모르겠지만, 잘하면 될 수도 있겠다 싶어서 참가신청을 하고 말았다. 우편으로만 신청을 받았는데, 아무래도 1차 서류심사에서 떨어지면 창피하니까, 아무에게도 말하지 않고 서류를 준비했다. 사진관에서 증명사진을 찍고, 최대한 또박또박 자기소개서를 쓰고, 막상 찾으려니 잘 보이지 않는 우체통을 찾아다녔다. 아무도 내게 기회를 주지 않았으므로 나 스스로에게 기회를 부여하고 싶었다.

　그리고 며칠 후, 서류심사를 통과했으니 언제 어디로 교복을 입고 오라는 전화를 받았다. 약간의 희망과 함께 마음이 부풀어 올랐다. 심사 당일 잘 다려진 교복을 입고, 결전의 장소로 조심스레 향했다. 대회는 갤러리아 백화점 7층에 위치한 강연장 같은 곳에서 열렸다. 당연한 말이지만, 그곳은 용모가 단정한 애들로 넘쳐나고 있었다. 다들 전교 회장처럼 보였고, 관객석엔 엄마들이 복작거렸다. 나의 엄마는 우찬이라는 친구였다. 전우찬은 우리 학교에서 가장 험상궂게 생긴 친구였고, 나 역시 그때나 지금이나 콧수염만 없었지 모범생과는 거리가 먼 얼굴이었다. 우리는 반듯한 얼굴들 사이에서 심한 이질감을 느꼈는데, 서로의 어깨를 치며 저 여자애한테 말 걸 수 있냐는 둥 시답잖은 농담 따위로 긴장을 풀 뿐이었다.

아무튼 이제 와서 이런 얘기를 꺼내는 이유는 그날의 특별한 기억 때문이다. 피아노, 성악, 태권도, 영어 등 각양각색의 특기를 선보인 학생들을 일렬로 세워놓고, 사회자가 학생들에게 존경하는 인물과 이유를 묻고 대답하게 했다. 아이들은 하나같이 존경하는 인물로 아버지 아니면 박정희 대통령을 말했는데, 앞에 애들이 죄다 박정희 대통령을 존경하는 인물로 꼽아서 처음에 나는 '이게 뭐지? 모범답안 같은 건가?' '교복 회사랑 박정희랑 관계가 있나?' 이런 생각까지 들 정도였다. 근대화… 경제발전… 경부고속도로… 우리나라의 기틀을… '아이고 머리야…….' 나는 좀 혼란스러웠다. 도저히 애들과 똑같이 말할 수 없었다. 뭐라고 말할까. 광개토대왕? 이순신? 세종대왕? 짧은 시간 동안 머리를 빠르게 굴렸지만, 딱히 떠오르는 인물이 없었다. 드디어 내 차례가 왔고, 사회자의 마이크는 어느새 나를 향해 있었다.

"참가번호 23번 오주환 학생이 가장 존경하는 인물은 누구인가요?"

나는 숨을 얕게 한번 고르고, 열중쉬어 자세로 다리를 약간 벌린 다음 호기롭게 외쳤다.

"유신의 심장을 향해, 리볼버를 당긴 김재규를 가장 존경합니다."

드라이브

아버지는 산소에 많은 공을 들이셨다. 그런 아버지를 둔 탓에 나는 어린 시절을 고스란히 산소에 반납해야 했다. 하루키의 소설 〈1Q84〉에서 덴고의 아버지는 NHK 수신료 수금원으로 나오는데, 주말이면 학교에 가지 않는 덴고를 데리고 수금을 하러 다녔다. 어린 덴고를 데리고 다니면 수금이 더 잘된다는 사실을 알았던 아버지에게 어린 덴고의 주말은 별로 중요하게 여겨지지 않았다.

그 대목을 읽으면서 나는 산소에 끌려다녔던 내 어린 시절이 떠올랐다. 뙤약볕 아래에서 회양목을 심고, 예초기를 둘러메고 벌초를 하고, 떼를 입히거나 잡초를 뽑으며 보냈던 그 뙤약볕 같은 시간들. 어둑해진 풍경을 바라보며 나는 늘 같은 생각에 잠기곤 했다. '아, 이번 주말도 이렇게 허무하게 끝나버렸구나.'

그러나 모든 일엔 명암이 있는 법. 연산 순대에서 거나하게 취한 아버진 내게 운전을 맡겼는데, 그럴 때마다 나는 작은 보상을 받은 기분으로 운전대를 잡았다. 대리가 없던 때라 나는 주말마다 운전을 했고, 옆에 탄 아버지의 컨트롤 덕분에 나는 금세 능숙한 드라이버가 되었다. 큰 차를 몰수 있게 되자 오토바이 같은 건 시시해졌다. 오직 차를 몰고 싶은 마음뿐이었다. 결국 차키를 몰래 복사해 밤에 나가기 시작했다. 도로는 넓었고 처음 본 도시의 밤은 아름다웠다. 차도 별로 없어서 운전하기에 적합한 환경이었다. 나는 도시의 주인인 양 드라이브를 즐겼다. 도로를 미끄러지듯 달리며 새로 깔린 아스팔트에 타이어가 닿는 기분을 만끽했다.

운전은 정말 즐거웠다. 스틱을 위아래로 밀며 변속할 때 기어가 손에 걸리는 느낌이, 클러치와 액셀러레이터를 교차해 밟았을 때 발로 전해지는 약간의 떨림과 부드러운 배기음이 좋았다. 매일 밤 시동을 켜도 그리고 시동을 꺼도 그 흥분이 쉽사리 가시지 않았다. 그렇게 순수하게 차를 몰며 잃어버린 주말을 보상받았다.

11시 30분

 내 나이 아직 스물넷 밖에 안 먹었지만, 요즘 들어 잊었던 옛 추억들을 떠올리며 종종 웃곤 한다. 그러다가도 울먹거리고만 싶은 기분으로 바뀌곤 하는데, 그럴 땐 스피커를 꺼버린다. 밖으로부터 차가 지나다니는 소리가 들려오기 시작한다. 그러면 곧 괜찮아진다. 오늘은 언제가 떠올랐냐면, 14살 때. 그러니까 내가 중학교 1학년이었던 때가 떠올랐다.

 그해 여름, 나는 길었던 머리를 스포츠로 잘랐다. 학생증이란 걸 만들기 위해 증명사진을 찍어야만 했기 때문이다. 그 사진은 아직도 조그마한 상자 안에 있는데, 그 사진을 바라보며 기억을 더듬자 모든 것이 또렷해졌다.
 그땐 나도 학원에 다녔다. 밤 열 시쯤 학원이 끝나면 삐삐가 울었고, 학원 버스에서 내리면 나는 곧장 집으로 들어갔다. 그때 내게 밖에서의 밤 시간이란 건 존재하지 않았다. 그런 게 있었다 해도 고작 시험 기간 중 독서실 주변에서의 시간, 잠들기 전까지 라디오를 듣던 시간뿐이었다. 당시의 내게 밤에 갈 데라고는 단 한 군데도 없었으니까.

그러던 중 나는 어떤 우연한 기회로 이웃 중학교 한 살 많은 누나를 알게 됐다. 그리고 내게도 집으로 곧장 가지 않아도 심심하지 않을 수 있는 일들이 하나둘씩 생기기 시작했다. 처음에는 학원을 마치고 30분 정도 시간을 내는 것으로만 만족해야 했다. 나는 공원 벤치에서 그들과 이야기만 나누다 집으로 먼저 돌아오곤 했다. 하지만 삐삐소리에 매번 먼저 들어가는 게 미안해졌고, 나는 조금씩이라도 집에 늦게 들어가야겠다고 다짐을 했다. 언제나 30분 정도의 시간적 여유는 있었지만, 그 30분 다음을 채우기가 정말 힘들었다.

처음에는 30분에서 15분, 20분씩 늦게 들어가기 시작했다. 그래, 쇼생크 탈출처럼 말이다. 나는 그렇게 조금씩 시간을 늘려가는 방법을 쓰려 했지만, 곧 포기하고 말았다. 엄마는 늘 내가 들어오는 시간을 체크하셨으니까. 물론 엄마가 드라마에 열중할 때는, 11시쯤 들어가도 별문제는 없었다. 하지만 죽어도 11시 30분을 넘기질 못했다. 아버지가 늦게 오신다고 하더라도 11시 30분에는 들어오셨기 때문에, 11시 30분은 내게 있어 마의 시간이었다. 노래방에 있다가도 11시 30분이 다가오면 나는 겁먹은 신데렐라처럼, 정신없이 집으로 돌아가곤 했다. 11시 30분에 맞춰서 들어가기엔 놀 시간은 현저히 부족했다. 어느 날은 큰마음을 먹고 학원 수업을 빠지기로 한 적도 있다(부모님이 힘들게 보내준 학원을 빠진다는 게 마음에 걸렸지만, 아무래도 한 번쯤은 괜찮겠지, 유혹을 견디지 못했던 것 같다). 나는 학원에 전화를 걸어 몸이 아프다고 핑계를 댔고, 그렇게 일종의 데이트를 위해 시내로 향했다. 사실 데이트라고 해봤자 미치코 런던 같은 옷 매장을 둘러보고, 돈가스집에서 돈가스를 먹고 돌아오는 게 전부였다. 지금에서야 그때 밀크티라도 마셨으면 좋았을 걸, 생각하지만, 사실 그때까지만 해도 커피숍을 간다는 건 상상도 못 했던 일이었다.

버스를 타고 돌아오니 집에는 불안한 공기가 흐르고 있었다. 나는 학원에 가지 않은 게 들통 났다는 걸 직감할 수 있었다. 지금 생각해보면 피식하고 웃음이 나오는 회초리를 맞았고, 어머니의 끈질긴 추궁에 의해 하나부터 열까지 거의 모든 걸 말하게 되었고, 간간히 감추고자 했던 사실도 결국엔 모든 게 엮여 있었기 때문에 거짓말은 샅샅이 밝혀졌다.

이웃 중학교 누나를 만난 게 죄였다. 학원에 가지 않은 것도 그 누나 때문이었고 그건 회초리를 맞을 짓이었다. 등교하면서도,

교실 안에서도, 복도에서도 곰곰이 생각해봤다. 그 누나 때문이 맞았다.

며칠 뒤 나는 그때 그 동네의 불량소굴이었던 종로 당구장을 찾아갔다(그곳에서 이웃 중학교 누나가 아르바이트를 하고 있었기 때문에). 그러다 보니(다시 아주 우연한 기회에 의해) 나는 다단계처럼 이웃 중학교의 형들을 소개받게 됐다. 그렇게 그들과 어울리며 편의점 앞과 당구장에서 보내는 시간이 많아졌다. 남들은 부자연스럽게 봤겠지만, 자연스레 밤에 익숙해져 갔다. 몇 번인가 싸움을 하게 됐고, 그때의 나는 곧잘 싸웠기 때문에 형들에게 인정을 받았다. 과감하게 삭발을 하기도 했다.

삭발을 하니 간이 커졌다. 간땡이가 부었다는 말이 더 어울릴까. 학원비로 담배를 사 피우고 술을 마셨다. 첫 담배는 토가 나올 정도로 어지러웠지만, 술은 그런대로 마실 만했다. 취한 눈으로 시계를 보니 11시 30분이 지나가고 있었다. 영원히 깨질 것 같지 않던 마의 시간에, 나는 당구장에 앉아서 담배를 피워 물며 시계를 바라보고 있었다. 그 모습이 거울에 고스란히 비춰졌기에 나는 그때의 내가 어땠는지를 정확히 기억할 수 있다. 십 년이 지났지만 말이다. 그런 순간은 영원히 기억에 남는 법이다. 잠시 후 삐삐가 울렸다. 나는 삐삐를 꺼버렸다.

자식들은 부모의 영향을 많이 받는다

자식들은 부모의 영향을 많이 받는다. 아버지는 야당 성향이었다. 김대중을 좋아했다. 뉴스를 보며 백기완에 관해서, 노무현에 관해서 설명해주셨다. 8살짜리한테 10.26, 5.16, 12.12 같은 굵직굵직한 현대사를 가르쳐주셨다. 파업의 성격이나 데모의 이유, 삼김 시대와 제5공화국, 동교동계와 상도동계, 한국노총과 민주노총의 차이, 금속노조, 김종필, 전태일, 리영희, 인권 변호사와 재야인사들까지.

이렇듯 나의 어린 시절은 해리포터 대신 우리나라의 근현대사가 차지하게 됐다. 나는 자연스럽게 야당이 정의로운 집단이라고 생각하게 됐다. 그렇게 이물감 없이 아버지의 정치적 스탠스를 그대로 취하게 되었다. 자라고 자라 스무 살 때 강남의 유명 기획사에서 연습생 생활을 한 적이 있다. 사장님은 당시 한나라당 지지

자였다. 어느 날 사무실에서 사람들과 같이 뉴스를 보는데, 사장님이 노무현 욕을 쏟아내기 시작했다. 비판이 아니라 욕이었다. 그런데 거기서 나는 한마디 대꾸도 못 하고 그저 고개만 끄덕였다. 연습생인 내가 섣불리 의견을 말했다 괜히 불이익을 받으면 어쩌나 움츠러든 거다. 두려웠다. 전라도에 살며 한나라당을, TK에 살며 민주당을 지지하는 사람의 심정이 이랬을까? 아버지로부터 받은 정치색이 유명무실해진 순간이었다. 사람들이 한나라당에 동조하는 상황은 이전에는 한 번도 경험한 적 없었기 때문에 적잖은 충격으로 다가왔다. 서초구 한복판에서 겪었던 그날의 정치적 소외감은 트라우마가 되었다. 그 일은 꽤 오랜 시간 나를 괴롭혔다.

언젠가 어떤 불이익이나 위협에 맞서 소신대로 말해야만 하는 상황이 생겼을 때, 나는 그럴 수 있을까?

엄마와 나

열일곱. 학교를 뛰쳐나오며 집에서도 뛰쳐나왔다. 경제적, 정신적으로 완전한 독립이 아니면 애들이 하는 가출과 다를 게 없겠다 싶어 마음을 독하게 먹었다. 그 이전까지는 도움을 받을 수 있을 때 도움을 받자는 주의였지만 갑자기 어른이 된 건지 뭔지, 그런 생각을 하는 나 자신이 나약하게 보였고 심지어 부끄럽기까지 했다.

나는 남들보다 빨리 사회를 경험해보고 싶었다. 그런 결심이 내 안에 말뚝처럼 박히자 그 어떤 말에도 흔들리지 않게 됐다. 그리고 단호하게 행동했다. "이제 저는 아무런 도움도 받지 않고 혼자서 살아가겠습니다."라고 했는지, 아니면 "내 생각대로, 나 스스로의 힘으로 세상과 부딪치며 인생을 살아보겠다."고 했는지는 정확히 기억나지 않는다. 하지만 내가 아무 망설임 없이 집을 떠났던 것만은 확실하다. IMF 이듬해였고, 대학생인 형은 군대에 있었다.

엄마 입장에서 보면 갓 중학교를 졸업한 녀석이 당신 품 안에서 너무 빨리 떠나는 것 같아 서운했겠지. 불안한 마음도 컸겠지. 분명 보내기 싫었을 것이다. 심지어 아들 둘이 한꺼번에 집에서 없어지니 마음이 휑하게 느껴졌을지도 모르겠다. 하지만 이제 와서 생각해보면 좋든 싫든 자식의 의지를 존중하고 엄청난 방해 없이 나의 선택에 손을 들어준 것에 엎드려 감사하고 싶은 마음이 든다.

그 배려 덕분에 집을 나오면서도 자식의 도리를 못 했다는 죄책감에서 해방될 수 있었고, 새롭게 출발하는 삶에 온전히 집중할 수 있었다. 나는 이것이 엄마의 높은 마음에서 비롯됐다고 생각한다. 이게 어디 강남의 엄마들이라면 가능한 일이겠는가? 만약 그랬다면 나는 '강남 아들'이 되었을 테지….

집을 나온 후, 나는 마치 〈해변의 카프카〉에 나오는, 세상에서 가장 터프한 소년처럼 굴었다. 매일 체력 단련을 하고 책을 읽고, 잔돈을 거슬러 받으며 마트에서 장을 보고, 설거지를 하고 빨래를 했다. 더 이상 심부름이 아니었다. 생활이었다. 이제 나를 보호해줄 수 있는 건 나 자신밖에 없었다. 혼자서 지냈지만 사야 할 게 언제나 많았고, 모아뒀던 돈은 금세 바닥나기 시작했다.

목돈을 모으기 위해 지방에 있는 나이트클럽에서 노래하는 일, 그러니까 '밤무대' 일을 시작했다. 모피어스가 그랬던가? 케이크를 그냥 보는 것과 맛보는 것은 전혀 다른 일이라고. 밤의 세계는 화려했고 동시에 더러웠다. 매일 밤 넘치는 유혹이 내게 손짓했고 나는 그것들을 세상에 갓 나온 고양이처럼 유심히 바라봤다. 다양한 지역을 돌아다니면서 사람들의 다양한 습성을 파악했다. 경험하지 않으면 결코 알 수 없는 그런 것들 말이다.

그렇게 음악과 춤, 술과 돈, 섹스가 흘러넘치는 곳에서 단 하루도 쉬지 않고, 꼬박 2년 6개월 동안 일했다. 힘든 일이 많았지만 나름 잘 견뎌냈고 내게 필요한 것이 무엇이고 그렇지 않은 것이 무엇인지 분명하게 알 수 있었다. 내게는 그 시절이 비틀스의 함부르크 시절처럼 삶을 살아가는 데 큰 자양분이 되었다. 비로소 어른이 됐다고 생각했다.

그 후로 보름에 한 번꼴로 집에 잠깐 들러 엄마에게 얼굴을 비치고 돌아왔다. 아직 약간의 의무감 같은 게 남아 있을 무렵이었다. 하지만 그마저도 한 달에 한 번에서 두 달에 한 번으로… 다시 석 달에 한 번에서 넉 달에 한 번으로… 이제는 명절이나 되어야 집에 가는 지경에 이르렀다. 15년이다. 그렇게 인생의 절반을 가족과 떨어져 독립적으로 살았다. 이전의 15년은 기억에서 점점 희미해졌다. 그 이후의 15년만이 뚜렷하다. 완벽하게 개별적이지만 언제나 이어져 있는 관계. 이것이 내 가족의 모습이다.

사람에게는 각자의 인생이 있고, 지나친 간섭과 개입은 서로 불편하게 할 뿐 아니라 악영향을 끼친다고 믿었다. 그런 이유로 나는 가족사에서 늘 한두 발자국 떨어져 깊숙이 관여하지 않았다. 그런데 나와는 다른 삶을 살아온 형은 내 이런 부분이 마음에 들지 않았던 모양이다. 어느 날 형은 자신이 쓴 글을 나에게 보여줬다.

"나는 우리가 사랑이라는 미몽과도 같은 맹신하에 막연히 간과하고 있는 것들에 대해 조금 더 세심해질 필요가 있다고 본다. 가령 아버지가 요즘엔 어떤 식으로 시간을 보내고 있는지. 새롭게 일어나고 있는 생활의 변화는 없는지. 행여 작고 소박한 것이나마 기쁨이라고 이름 붙일 만한 것을 기다리거나 기대하고 바라는 일은 없는지. 친구건 이웃이건 혹시나 말을 붙이거나 허풍을 떨거나 할 수 있는 가까운 사람은 생겼는지. 엄마는 직장에서 몇 시에 휴

식을 취하는지. 어느 시간이 좀 지루하다고 느끼며 오전에는 주로 뭘 하고 점심시간은 몇 시까지인지 일하다가 맘 상하는 일은 없는지. 십수 년 간 같은 곳에서 일하고 있는 내 엄마의 시간을 한 번도 생각해본 적이 없다는 생각이 들었다. 내가 전화도 없이 한 주일이 흘러가고 한 달이 지나갈 때 그들은 손톱만 한 물고기를 키우고 자주 어항의 물을 간다. 소주를 마시며 시간을 버티고, TV를 보다 잠들며, 말없이 하루를 마감한다. 그들도 무언가 괜찮은 시간을 기다릴 것이다. 그런 와중에 저물어가는 서녘과도 같은 자기들의 인생을 대면하게 되겠지. '늙지 마세요.' 말하지만 어떻게 늙지 않을 수 있는가. 유예된 시간은 아무것도 보장하지 못한다. 그리하여 나는 어딘가가 아리다. 그리고 부끄럽다. 나는 부끄러워서 마음이 바쁘다."

나는 약간의 참담함을 느꼈다. 동시에 엄마가 계신 양로원을 갈 때마다 자신의 일요일을 빼앗긴다고 생각했던 뫼르소가 된 듯한 착각에 빠졌다.

불우한 시절

당사자는 그렇지 않다며 기분 나빠할지도 모르겠습니다만, 내 주변에는 불우한 사람이 많습니다. 오늘 같은 날 호스티스 여자친구와 뒤엉켜 늦잠을 자는 사람도, 하우스에서 날밤을 새우고 있는 사람도, 한복을 입고 투스텝을 밟고 있는 사람까지……. 이 모든 게 어쩌면 내가 불우하기 때문일지도 모른다는 생각입니다.

오늘은 설날입니다. 내게도 어릴 적의 설날은 까치 까치 노래를 흥얼거릴 만큼 그런 풍요로운 날이었지요. 한복을 입고 세배를 해서 어른들에게 세뱃돈을 받기도 하고, 친척들끼리 모요~ 걸이요~ 하며 윷놀이도 하고, 차례 음식이며 떡국도 잔뜩 먹고, 친척들과 헤어지는 탓에 아쉬워하는 그런 날들이었습니다. 하지만 그 분명했던 기억들은 아주 오래된 것들이라서, 이제는 정말 남의 일처럼 느껴집니다. 독거노인이나 소년 소녀 가장만큼은 아니겠지만 나는 이제 명절이 싫어졌습니다. 세뱃돈을 쥐여 주던 어른들은 모두가 암으로 돌아가셨고, 몰래 당구를 치러가던 사촌 형들은 약속이라도 한 듯 이혼남이 되어버렸고, 가족이 아니라면 말하기 어려운 사건들로 인하여 명절은 명절이 아니라 점점 비참한 현실을 각인시켜주는 날로 바뀌어 버린 것 같습니다. 즐거움이 사라져버린 후 내가 느낀 심정은 아마도 젊은 사람 하나 없이 농촌에 남겨진 노인들의 심정이 아닐까 하는 생각도 들었습니다.

유스타키오관

왼쪽 귀가 멍했다. 순간순간 머릿속이 울렸다. 괜찮아지겠지 했다.

이틀이 지난 오늘 병원에 갔다. 중이염이란다. 큰 충격이 있었냐고 묻기에 없었다고 했다(사실 며칠 전에 있긴 했지만, 그건 심적 충격이었기에).

오천 원입니다, 처방전 받아가세요. 역시나 항생제가 너무 많다. 검색해보니 중이염은 원래 어른들은 잘 안 걸린다고 한다. 난생처음 앓는 병이다. 생소하다. 귀가 아플 줄이야.

온종일 듣지 못하는 슬픔에 대해서, 그리고 묵묵히 돌아가는 기관 같은 것들에 대해서 생각했다. 이를테면 안구라든가 그 뒤쪽에 있는 수정체라든가 유스타키오관. 아니면 국민보험공단 같은. 실제론 본적도, 알 수도 없는 기관과 숙취가 뒤섞인 묵묵한 오후였다.

잔상들

 그러니까 내 팔이 부러졌던 어느 날, 한 손으로 맥주를 땄었지. 차가 지나다니는 소리와
 뜨문뜨문 올라가거나 내려가거나 하는 비행기를 쳐다보며 외롭게 맥주를 마셨지. 팔월처럼 무더운 구월의 어느 날은 냉장고를 열고 거기에 고개를 처박았어. 그리고 그 속에 대고 남아있는 모든 잔상을 지우고 싶다고 소리쳤어. 텅 빈 냉장고를 꽉 채우는 빌어먹을 잔상들.
 그렇게 웃지 마. 가슴이 찢어진다. 차라리 어떤 백화점처럼 와르르 무너져 내렸으면.
 베란다에서 보이는 풍경은 늘 그렇듯 뻔하다.

성담곡

여기 한 풍경이 있다.

가로등 불빛 아래로 흩날리는 진눈깨비
횡단보도 색깔로 하얘지는 아스팔트
택시를 잡기 위해 손을 흔드는 사람들
가게에서 나온 사람들은 적은 눈발에도 즐거워한다

앙상한 나뭇가지를 보며

여름의 그 후덥지근함과 맥주와 맥주와 맥주와
습기 밴 냄새들을 검게 물들는 거리를 밥 말리를
시야를 가리던 무성한 잎사귀들을 떠올린다

그리고 저기 가난한 음악가들이 드나드는 라이브 클럽

밥 먹으라고 쥐여 준 사만 원을 들고
도박꾼처럼 여기를 찾아왔어도
나는 확실히 저곳을 좋아한다

아직은 머나먼 미래 피로한 몸짓
성담곡을 들으며 창밖만을 본다

저 내리막길이 마치 루미나리에 같아
멀리서 종소리가 들리는 것 같아

기타 레슨

어느 날, 어린아이 같던 여자애들이 늙어버린 걸 알았다. 얼굴들이 싱글벙글함 대신 그때의 내 표정과 눈빛으로 시간이 흘렀다고 말한다. 그렇게 모두 늙는다. 하지만 이렇게 철이 없는 내가 어째 남들보다 더 많이, 더 빨리 늙는 것일까.

별수 없이 아파트 위로 날아가는 비행기만을 쳐다보던 어느 날, 캔 맥주를 더 이상 딸 수 없을 때 까지 마셨다. 그리곤 같은 노래를 몇 번이고 다시 들었다. "우리가 꿈꿔왔던 숨 가쁜 순간들은 이렇게 시절이 되어서 남아있었구나." 중얼거린다. 내가 이 노래를 부른 적이 있던가. 노래는 계속 흐른다. 어느 날, 이 노래가 걸음을 멈추게 하겠지.

아- 오늘은 기타를 가르치던 일들이 아득히 먼 이야기 같아.

서른 즈음에

나에게 새로운 나날이 시작되고 있다는 걸, 거기에 발맞추어 나가게 될 거라는 걸, 감정에 얽매여 있지 않게끔 되어가고 있다는 걸, 존경하는 사람이 생기게 될 것을, 외모와 나이가 주는 압박으로부터 좀 더 자유롭고 편안해질 것을, 운명이라는 광폭한 힘에 떠밀려서 선택하지 않을 힘이 생기기라는 사실을 믿는다.

나를 어딘가 어색하고 낯설고 불편한 곳으로 데려가지 않게 하며, 지옥의 영역에서도 공존하고 사랑하며 위할 수 있다는 것을 알게 하며, 소수의 그것이 일반적이고 대중적인 그것과 같은 무게라는 것을 알아 존중하게 하며, 현재와 과거와 미래가 똑같은 부피로 존재함을 인식하게 하며, 과거와의 이별에도 충분한 시간과 에너지와 마음을 쏟을 수 있는 성숙함을 갖게 되기를 바란다.

너무 긴 시간을 생각하지 않길 바라며, 인생 대부분의 시간이

고독하고 외롭고 참담함을 깨달아 겸허하길 바라며, 아무리 사랑으로 가깝더라도 고통이 나눠질 수 없음을 알고 그것이 개탄과 좌절로 흐르지 않게끔, 그것에 감사하는 마음을 가지게 되길 바란다.

소유할 수 없음이 사랑이라.

그 마음이 자꾸만 안타깝고 애처롭고 그리운 것이 사랑이라.

그것만이 사랑이라. 너는 이별을 했고 이별에게서.

그렇지만 사랑을 빼앗아 와야 한다.

데미안 라이스

신문을 보는데 틀지도 않은 노래가 귀에 들렸다. 환청이었다. 'Unplayed piano.' 이 곡은 데미안 라이스가 아웅산 수지에게 헌정한 노래다. 연주되지 않는 피아노라니, 참 데미안 라이스답다는 생각이다.

지금에야 좀 시들해졌지만 나도 한때는 데미안 라이스를 '사랑한다' 할 정도로 푹, 그것도 아주 푸욱 빠져 있었다. 코드 하나를 쳐도 그처럼 치려고 노력하던 시절이었다. 지금도 가끔 생각이 날 때면 'o' 앨범을 꺼내 듣는다. 그리고 여전히 좋은 노래구나, 싶다.

돌아보면 살면서 사랑하면서 기억에 남는 아름다운 장면들이 있다. 그런 순간들은 필름처럼 저장된다. 그런데 기억이란 건 시력처럼 자꾸만 나빠져서, 언급하지 않는 기억들은 바래지는 사진처럼 변하기 마련인 것 같다. 시간을 더 흘려보내다 보면 머릿속의

사진들은 점점 흐릿해지고, 나중엔 손에 잡히지 않는 느낌만이 남게 된다. 그러다 결국 그마저도 완전히 잊히면, 기억은 연주되지 않는 피아노가 되어 하염없이 노래만을 기다리게 된다.

노래가 모든 걸 환기시킨다. 여러 표정과 그날의 햇살. 니트 보풀과 공기의 냄새. 아무리 떠올려도 생각나지 않던 이름까지, 전부 다 덜컥 풀려버린다. 노래는 정말이지 한 음, 한 음 먼지를 닦으며 그 모든 걸 불러내는 것이다.

1200km

짧은 시간 동안 많은 거리를 이동하면서 생각했다.

드래곤볼에 나온 작고 동그란 우주선에 몸을 웅크리고선 계산할 수 없는 거리를 입력하곤 잠들고 싶다. 눈으로 보았던 걸 있는 그대로 재생시켜줄 수 있는 게 있었으면 좋겠다.
그러다 보면 눈으로 볼 수 없는 것도 재생시킬 수 있겠지.

다시 태어난다면 반드시 미래에 태어나고 싶어.

나의 비밀스러운 공간들

내가 만든 노래에 힘이 없다는 걸 잘 알고 있다. 그러나 몇몇 노래는 특정한 장소에서 예상치 못한 위력을 보여주기도 한다. 그건 대개 늦은 시간일 때, 몇 명의 관객만 있을 때 우연히 반짝 발화된다. 그 순간만큼은 노래도 힘을 받아서 꿈틀댄다. 그것은 무대에 자주 오르는 나에게도 특별한 일인데, 큰 무대나 많은 관중 앞에 설 때보다도 훨씬 짜릿한 기분이 든다. 그래서 이곳을 드나들며 가끔씩 나의 이 힘없는 노래들을 비밀스레 불렀는지도 모르겠다.

모든 것이 완벽에 가까울 만큼 온전한 장소에서 온전한 노래를 온전한 사람들과 함께한다는 사실은 나에게 큰 위안이 되곤 한다.

당신에게는 어떤 알레르기가 있습니까?

프로그램은 늘 이런 식으로 시작한다. 기타를 맨 장발의 수염 청년이

"나만 몰랐던 우리나라의 숨겨진 진짜 맛 이야기에서 나왔는데요."

라고 말한다. 그러면 식당 주인은 십중팔구 '에?'나 '뭐라고요?'로 나오고, 숨을 가다듬은 청년은 다시 한 번, 그리고 천천히

"나만 몰랐던 우리나라의 숨겨진 진짜 맛 이야기에서 나왔습니다."

라며 꼭 두 번씩 말하며 식당에 발을 딛는다. 사실 청년은 이 일이 내심 좀 못마땅했다. 왜냐하면,

    1. 커트 코베인은 맛집을 소개하는 프로그램에 안 나갔을 것이다.
    2. 밥 먹으러 온 손님에게 질문해야 한다.
    3. 예쁜 아가씨한테도 질문을 해야 한다.
    4. 마지막엔 밥 먹는 사람들 앞에서 즉석에서 만든 노래를 불러야 한다.
    5. 그 노랠 예쁜 아가씨도 듣는다.

뭐 대충 이런 이유였는데, 시간이 지나도 못마땅한 마음은 좀처럼 사그라지지 않았다. 밥 먹으러 온 사람들은 거침이 없었다. 노래를 부르거나 말거나 소주를 시켰고 물 좀 달라고 했고 '공깃밥 좀 주세요!'를 외쳤다. 그럴 때마다 청년에겐 뮤지션으로서의 회의감이 밀려들었지만, 그는 월말에 입금될 돈을 생각하며 스스로를 위로했다. '애처럼 굴지 말고, 이왕 하기로 한 거 눈 딱 감고 하자.' 촬영 전날이면 그렇게 다짐하며 잠자리에 들었다.

"컨셉은 솔직함이야. 있는 그대로의 널 보여 주면 돼."

PD는 항상 그런 식으로 청년을 구슬렸고 청년은 청년의 스타

일대로 굴었다. 이를테면 일반적인 리포터와 달리 절대로 오버하지 않았다. 맛없으면 맛없다고, 잘 모르겠다고 솔직하게 말했다. 어쩐 일인지 시청률은 나쁘지 않았고 프로그램도 신선하다는 평가를 받았다. 그래도 그런 것들과 상관없이 청년의 마음 한구석엔 늘 약간의 창피함 같은 게 남아 있었다.

그러던 어느 날, 아이템이 '게'로 정해졌다. 큰일이었다. 왜냐하면 청년에게는 게 알레르기가 있었기 때문.

"저 게 알레르기 있는데요… 그렇게 맛있다는 간장게장도 평생 먹어본 적이 없어요. 한 번은 술 취해서 호기롭게 도전했다가 응급실에 실려 간 적도 있다구요."

돌아온 대답은 '쇼 머스트 고 온.' 시간이 촉박해서 아이템을 바꿀 수도 없는 상황이었다. 그리고 그 '게 방송'은 청년의 마지막 방송이 됐다.

프리랜서의 세계에서 프로답지 못함은 곧 안녕을 의미한다. 청년에게는 자신이 생각하는 멋짐과 다른 이가 생각하는 자신의 멋짐에는 큰 차이가 있다는 걸 깨닫기까지 꽤 오랜 시간이 필요했다. 그 일 이후로 청년은 자신의 알레르기를 파악하는 데 주력했다. 그것은 곧 자신을 좀 더 명확히 알아가는 과정이었다. 자신에게 어떤 알레르기가 있는지, 누구를 만났을 때 두드러기가 생기는지, 어떤 걸 보거나 들었을 때 혹은 어떤 생각을 했을 때 거부 반응이 일어나는지를 꼼꼼히 적어 나갔다. 그리고 거부 반응을 일으키는 알레르기를 하나씩 하나씩 멀리했다. 언어폭력, 난폭함, 고함, 강압, 욕심, 시기, 질투, 표절, 똥고집, 잔대가리, 안하무인, 오만방자, 몰염치, 사기 치는 새끼, 싸가지 없는 새끼들······. 버리고 버려도 악착같이 남아서 끈질기게 청년을 괴롭히는 그 모든 '게' 같은 것들.

모더레이트 드링킹

　11시가 되면 병원은 문을 걸어 잠근다. 입원 절차를 마치고 이불이며 베개며 읽을 책들과 심지어 수면 양말까지 챙겼는데, 미리 술을 사다 놓는 것을 잊어버렸다. 냉장고 문을 열었는데 주스들 사이에 술이 없다는 걸 알고 아차 싶었다. 아무리 봐도 알로에 주스다.

　최근엔 마시고 싶다는 생각이 한 번 들면, 그게 어떤 욕구보다도 강해져서 절제하기가 무척 힘들다. 실은 오늘 참아보자는 생각을 하긴 했었다. 그런데 저녁때 한숨 자고 일어나니 11시가 넘어버린 것이다. 잠긴 문과 지나버린 시간에 마음이 불안하거나 불안정했거나 불만스러웠다. 마치 내 몸 자체가 하나의 발기된 성기 (시도 때도 없던, 성장기 시절의 그것) 같다는 생각이 들었다. 도무지 컨트롤이 안 된다. 밧줄을 타고 내려가 '트라이브'에서 몇 잔 걸치고 싶은 생각밖에 들지 않는 거다. 참을 수 있을 줄 알았는데. 실은 이런 날이 더 힘들다. 어쩌다 술의 덫에 걸린 것일까, 〈응답하라 1988〉의 택이처럼 바둑이나 뭐 그런 거였으면 좋았을 텐데…….

옥상에서 담배를 피우며 높이를 가늠해 보았다. '내려가는 건 어떻게 돼도 올라오는 게 안 되겠다.' 포기하고 이제 그만 내려가는데, 〈응답하라 1988〉의 정봉이라면, 끈기 있는 정봉이라면 드론으로 한번 시도해보지 않을까 하는 생각이 들었다. 올해로 서른넷. 참으로 한심하다.

부작용

"원래 금단현상이라는 게 담배에 있는 니코틴 때문에 일어나는데, 니코틴성분에 금연을 힘들게 하는 중독성이 있어요. 힘드시면 이걸 붙이고 계세요."

니코틴 패치를 건네며, 청바지 밑단을 한 번 접어 입은 여의사가 말했다.

"효과는 24시간 동안 지속되니까, 잘 떨어지지 않는 데에 붙이면 돼요. 참! 이걸 붙이고 있는 동안에는 절대로 담배 피시면 안 돼요. 치명적이라고 뉴스에도 나왔다구요."

'이 나이에 금연 클리닉이라니……'

얼토당토않게 끌려간 병원 문을 나오면서 주머니에 있는 담뱃갑을 만지작거렸지만, 하얀 가운에 묻은 얼룩을 아는지 모르는지 열변을 토하던 여의사를 생각해서 당분간은 참아보기로 했다. 하지만 몇 시간이 지나자 과도한 스트레스와 지속된 외로움, 불규칙적인 식사로 인한 혈당 부족, 그로 인한 금단현상 때문에…라고 하면 거짓말이고. 커피를 마시니 다시 담배가 피고 싶어져서 패치를 붙였다. 그리고 매운맛이 나는 니코틴 껌도 가슴과 목이 따갑도록 열심히 씹어댔다. 또다시 몇 시간이 지났다. 열이 나고 어지럽기 시작하더니, 구토하기 직전의 기분 나쁜 울렁거림이 밤새 지속됐다. 까만 봉지에 본드를 가득 부어놓고 얼굴을 들이댔을 때처럼, 부탄가스를 힘껏 마셨을 때처럼 골골댔다. 쉽게 말해서 멀미를 심하게 하는 것 같이 골골댔다.

   ㅇ 말보로 라이트 맨솔
타르: 6.0mg
니코틴: 0.5mg

   ㅇ 니코틴엘 TTS 30
패치 1매 중 니코틴 함량: 52.5mg
※ 피부나 점막을 통해 24시간 동안 니코틴을 체내에 연속적으로 공

급합니다. 니코틴은 확산을 통해 피부를 통과하여 직접 전신순환으로 들어갑니다. 유리 염기 형태의 니코틴은 지속적으로…

곧이어 나는 니코틴 40mg이 치사량이라는 걸 알게 됐다. 금연가이드북에 그렇게 쓰여 있었다. 나는 가이드북에 딸린 다이어리에 이렇게 적었다.

- 담배를 쉽게 끊을 수 있을 거란 생각에 욕심을 냈다. 아니나 다를까, 뭐든지 적당해야 하는 건데, 힘 들 때 하나만 붙이라고 준 패치를 한꺼번에 세 개씩 붙이는 바람에 힘들어했다. 자업자득인 셈인가? 내 생각에 담배를 끊을 때 필요한 건 약물 같은 물리적인 요소도 아니고, 본인의 강력한 의지도 아닌 것 같다(물론 중요하지만…). 담배를 끊을 수 있는 시간이 필요할 뿐이다. 적어도 나한테는…….

그렇게 끼적인 후, 허벅지와 팔 그리고 가슴에 떨어지지 말라고 덕지덕지 붙여놓았던, 니코틴 패치를 떼어서 읽고 있던 책 표지에 와펜마냥 붙여 놓았다.

사람들은 이별할 때 보다 많은 감정을 필요로 한다고 믿는다.

자의든 타의든 과장된 기쁨을 가지려고 시간을 보내든가
극도의 슬픔에 젖어버리곤 그곳으로 자신을 내던지기도 한다.
그것이 감정의 많고 적음이 문제가 아님에도
서투른 사람들은 과도한 노력이 상황을 바꾸어준다고 생각한다.
그래서 자신을 더 힘들게 할지 모를 일을 모질게 감행한다.
힘들게 다른 모습으로 탈바꿈하려는 모습, 모두 물리적인 개입이다.
하지만 무언가를 갑자기 끊으려 할 때 필요한 건 과도한 감정이 아니라
시간이라는 걸, 이별에 익숙해진 사람은 알고 있다.
과도한 감정들이 오히려 해를 입힐 수도 있다는 사실.
결국 시간이 지나야 확인할 수 있는 것이다. 처음에는 뭐든 서툰 법이다.

"시간이 약이다."
이 얼마나 오랫동안 살아남은 말인가.

병원

다시 병원에 돌아왔다.

2016년은 나를 지탱하던 한쪽이 완전히 무너져 내리는 한 해가 될 것이다. 그것은 애석한 일이다. 분명 애석한 일인데 별로 슬프다거나 아쉽다거나 하지 않는 나를 발견했다. '어쩔 수 없잖아.' '어쩔 수 없긴.'

침대에 누워 시간이 미끄러지는 걸 일주일째 보고 있다. 지금은 그러고 있다. 병실 안은 건조하다. 뜨거운 히터 바람에 젖은 것들이 계속해서 말려지고 있다. 이러다간 금세 부서질지도 모를 일이다. 축축한 것을 생각했다. 그곳에 근거를 알 수 없는 희망 같은 것이 꿈틀거리고 있었다. 근거를 알 수 없는 희망 같은 것. 그게 가장 슬프고 위험하다.

중국인 거리

빗속을 돌아다녔습니다.
중국인 거리를 걸었습니다.
나는 가난하지만, 더 가난한
그녀에게 돈을 주었습니다.
나만 아는 내 모습은
흐르는 빗물에 씻겨나갔으면 좋겠습니다.

잘 살고 싶은 마음

마셨지만, 숙취가 없는 낮이다. 누군가는 악몽을 꿨겠지, 나 역시 요즘 악몽 속에 있다. 그래서 몇 주간 교회에 다녔다. 100주년 기념관은 사람이 너무 많아 강당에서 스크린으로 보았다. 집 건너편에 있는 홀트 아동복지관인데, 나는 엘리베이터 버튼을 누르며 입양되는 아이들을, 입양시키는 부모를, 그리고 입양하는 부모를 떠올렸다. 그 어떤 상황에도 처하고 싶지 않았다.

그런 생각을 하는 와중에 목사님은 바울에 관해 얘기했고, 바울이라는 이름을 듣자 며칠 전에 본 〈사울의 아들〉 생각이 났다. 목사님은 84년 5월 29일 하나님을 만난 날부터 끊은 술 얘기를 하시며 신실한 믿음을 설교했다. 일절 입에 술을 대지 않는다는 말을 듣기엔 입에서 풍겨 오는 술 냄새가 너무나 재밌었다. 이번 주에는 번 돈이 없었기 때문에 십일조를 내지 않았다. 만약 벌었더라도 가스비가 밀렸기 때문에 내지 못했을 것이다. 감사하는 마음으로 일요일에 기타 레슨을 잡았다.

저번 주와 이번 주가 다르지 않다. 이번 주와 다음 주도 다르지 않을 거다. 다르지 않지만, 땅이 꺼지듯 미세하게 조금씩 나빠지고 있음을 육감으로 느끼고 있다. 시간이 빠르다. 그래서 꿈틀꿈틀 변화를 시도하고 있다. 크게 달라지는 게 없을 것 같지만, 크게 달라졌으면 하는 마음으로 어버버버 일본어를 배우고 있고, 새로운 음악을 만들고 있고, 후라이팬과 냄비와 그릇과 우유를 샀다. 그리고 몇 년 만에 가스레인지를 켰다. 한쪽은 고장 났다. 고장 난 곳에선 짜증과 질투와 자책과 욕심과 욕망들이 가스처럼 새어 나왔다. 나머지 한쪽은 다행히도 불이 잘 켜졌다. 나는 아직 살아있다.

자명한 일이지만, 산사람은 밥을 먹고 죽은 사람은 먹지 못한다. 왼쪽 레버를 돌리면, 가스만 나오고 삶이 죽음처럼 희미해진다. 잘 살고 싶은 마음을 안다. 잘살고 싶은 마음. 나는 결국 하나도 바꾸지 않을 거면서 기질에 반하려 애쓰고 있다. 오른쪽 레버를 돌리면서.

3장

*이승열

홍대에서 음악을 하다 보면, 제아무리 '독고다이'라도 친분을 맺게 되는 뮤지션들이 생기기 마련이다. 나 역시 홍대에 있다 보니 오가며 인사하는 사람들이 생겼는데, 어쩌다 그들과 술이라도 하게 되면 상대방이 뮤지션임을 잊게 될 때가 대부분이다.

그러던 중 '이 사람은 좀 다르다.'라는 인상을 받은 적이 있었는데, 바로 승열이 형을 만났을 때다. 칼의 노래에서 본 충무공만큼이나 곳곳에 겸손함과 완고함이 배어 있었다. 이를테면 같이 술을 마셔도 비틀거리기보단 "무운을 비네." 말하며 사라지는 타입

---

* 1994년 U&Me Blue 1집 앨범 [Nothing's Good Enough]로 데뷔, 2012년 제9회 한국대중음악상 음반부문 최우수 모던록상을 수상하는 등
한국 모던락의 대부로 불리우는 뮤지션. 2010년 이승열의 소속사인 플럭서스 뮤직과 (같은 소속사에서 한솥밥을 먹게 된다는 이유로) 계약했다.

이랄까. 음악만으로 그 사람을 판단하는 게 얼마나 부질없는가를 너무나 잘 알고 있는 나로서는 이 형을 만날 때마다 눈을 비비지 않을 수 없었던 거다. 아, 흠모란 얼마나 위험한 일인가.

이승열 두 번째

언젠가 승열이 형이랑 일산에서 술을 마신 적이 있다. 평소에 자주 보는 편은 아닌데, 그때는 회사를 나올까 말까 할 때라 형이랑 한잔하고 싶었다. 홍대에서 만나 형 차를 타고 일산에 있는 해물탕집에서 나, 씨엘 형, 승열이 형, 이렇게 셋이 마셨다. 한창 술을 마시고 다니던 참이라 소주든 뭐든 무리 없을 줄 알았는데, 웬걸, 그날따라 이상하게 술이 너무 안 들어갔다. 취기가 확 올랐다.

원래 술 많이 한다고, 형, 저는 잘 안 취해요. 마시면 아침까지 마셔요. 이랬는데 웃겨져 버린 상황들. 쓸데없이 뱉은 말들이 부끄러웠다. 어디 그뿐 만일까. 수두룩하겠지. 아무튼 얼굴보다 더 빨개진 마음으로 해물탕집에서 나왔다. 그리고 의지와 상관없이 이자카야에서 맥주를 한잔 더 했는데, 생맥주 두세 잔 먹는 그사이에도 막 하품 나오고, 깜빡 졸기도 하고, 돌아오는 택시 안에서도 완전히 곯아떨어져, 도착해서야 눈을 떴다. 확실히 그날 이후로 술을 덜 마시기 시작했다. 말수도 좀 줄어들고…….

취한 말들을 위한 시간

그래. 모든 것은 네 자유다.
그렇지만 엉망이 되어버린 초라한 몸뚱이에게 꼭 그 말을 해야 했니.
사실 사람들은 모두 떠나버린다.
우린 서로 떠나는 것이겠지만 어째 나는 남겨진다.
슬프다. 슬퍼서 속이 울렁거린다.
그래. 간밤의 꿈에선 밤새 비가 창을 때렸다.
그리고 나는 죽어버린 병사처럼 엎드린 채 그것이 모두 거짓이었음을 깨닫는다.

사실 어제는 그렇게 취하지 않았다.
그렇지만 나는 엉망이 되고 싶었고, 슬픔을 가장하고 싶었고,

무엇보다 그러는 내 팔짱을 끼우는 자의 두 눈을 보고 싶었다. 체온과 머리카락 냄새와 가쁘게 내뱉는 진로眞露의 취한 숨. 이 모든 것에게서 나는 외로움과 싸우려 했거나 괜찮다 위안했거나, 고독을 반증하려 했거나 했다.

    전복되어. 나는. 경우에.

    그러다 잠깐 동안. 정말로.

    나는 엉망이 되었고. 비틀거렸고. 울었다.

    있거나. 없거나.

    아직 보석 같은 너에게 존재감을 느끼려 하는 일.

    그것은 취한 밤.

    들지 않은 꿈을 꾸려 하는 것이다.

유상혁

/1

그는 경찰입니다. 경찰이지만 옷을 홀딱 벗고 '드니 라방'처럼 사람을 헤치며 홍대 거리를 활보합니다. 곧 경찰이 출동해 그를 체포하면 그는 이렇게 말하겠지요.

"같은 경찰 식구입니다."

그는 옷 벗을 각오로 옷을 벗은 겁니다.

/2

딸 바보를 빼면 남자인 친구들에겐 요즘 활짝 웃을 일이 별로 없습니다. 최근 이별까지 겪은 그는 근심이 가득합니다. 사실 우리는 똑같이 근심 걱정으로 얼굴이 김처럼 까맣기 때문에 따로 거울을 보지 않습니다. 그냥 술을 마십니다. 안주로는 바싹 구운 김을 먹습니다.

/3

파도를 좋아하는 그는 최근 서핑에 관심이 많습니다. 덩치가 좋아서인지 하와이안 셔츠가 아주 잘 어울립니다. 나는 *행크 삼촌 같다고 칭찬해줬습니다. 하지만 그를 처음 본 내 친구들은 이구동성으로 그가 슈퍼맨을 닮았다고 했습니다. 다음에 만날 때는 빨간 망토를 두르고 나타날까 살짝 걱정이 됩니다. 뿔테는 200%.

---

*AMC에서 인기리에 방영됐던 미국 드라마 브래이킹 배드의 등장인물. 배우 딘노리스가 연기했다.

가수의 목

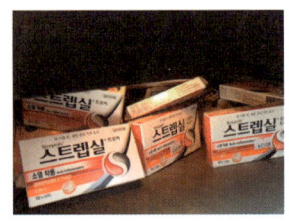

가수의 목은 투수의 어깨 같은 게 아닐까 생각한다. 제아무리 강철어깨라도 혹사하면 오래가지 못하는 법. 모름지기 프로라면 등판 날짜라든지 투구 수 관리를 확실히 해줘야 한다. 내가 공연을 할 때 가장 중요하게 생각하는 게 바로 컨디션이다. 내 나이에는 실력이 팍 늘거나 줄지 않기 때문에 컨디션 유지가 곧 공연과 직결된다(난 위닝할 때 호날두, 메시라도 컨디션 죽으면 안 쓴다). 컨디션이 나빠지는 경우는 수없이 많지만 한번 나빠진 컨디션이 올라가는 경우는 극히 드물다. 가급적 그런 것들에 영향 받지 않으려 어떤 사이클 같은 걸 만들어 놨다. 공연 직전까지 집에 있다, 샤워를 끝내고 시간에 맞춰 공연장에 도착, 그리고 10분 후 공연 시작. 끝. 다시 집. 홍대에 살고 주로 홍대에서 공연하니까 컨디션 조절은 쉬운 편이다. '확실한 나의 템포를 가지고 가는 것.' 그런데 이게 잘 안 되는 날은 좀 힘들다. 컨디션이 급격히 저하 되면, 레드불을 마신 다고 죽었던 컨디션이 갑자기 올라가진 않기 때문에 그런 날은 방어율이 확 올라간다. 어릴 때는 몰랐는데 이제는 안다. 레알 마드리드나 셀린디온의 대기실이 좋은 데는 다 그만한 이유가 있는 거다. 이를테면 박태환의 헤드폰 같은 것도 그렇다.

새 앨범이 발매되면 아무래도 평소보단 이래저래 일들이 많다. 아침에 나가고, 점심에 나가고, 서울을 벗어나기도 한다. 그렇게 긴 대기시간이나, 익숙지 않은 환경에 장시간 노출되면 나로서는 완전 무방비 상태가 되고 만다. '집에 가고 싶다.'는 생각뿐. 원정경기에서 죽 쓰는 선수들의 심정을 나는 이백 퍼센트 이해한다.

옛날에 밴드를 할 때 68년생 형들은 보컬을 '부엌칼'이라고 불렀다. 궁금해서 물어보니 아무 때나 필요할 때 꺼내 쓰는 부엌칼. 보칼, 뷔칼, 보칼……. 뭐 암튼 요즘 타고 다니는 그랜드 카니발은 편하다. 새로 온 매니저도 너무너무 착하다. 그런데 다시 방에 꽉 차 있는 스트렙실을 볼 때마다, 나는 마운드 위에 올라와서 권혁을 다독이는 김성근을 떠올린다. 스트렙실을 까주면서 "물 들어올 때 노 저어야지." 했던 68년 원숭이띠 형들의 말투와 함께.

3장

20만 원

"주환아, 공연 한번 하자."
"네, 형."

지원이 형에게서 연락이 왔다. 일초의 망설임 없이 기쁜 마음으로 공연을 하기로 했다. 그리고 얼마 후 원선이 형에게서도 문자가 왔다. 포스터를 만들었는데, SNS에 올리는 해시 태그나 설명 문구에 대해서 내게 괜찮은지를 묻는 문자였다. 내게 그런 걸 미리 묻는 사람도 없었을 뿐더러, 나라는 사람은 그쪽으론 그렇게 예민한 편이 아니었기 때문에 아무래도 상관없었다.

형에게 다 너무 좋다는 답장을 보내며 나는 문득 어떤 사실을 하나 깨달았다. 십 년을 알고 지냈다 하더라도 그것과는 상관없이 해야 할 것들을 잘 하는 것. 몸에 밴 습관이랄까 살아온 방식이랄까, 아, 이 형은 이렇게 살아왔구나. 포르쉐를 타는 이유를 어렴풋이 알 것 같았다.

그곳엔 낙원상가에서 방금 사 온 작은 앰프와 마이크가 있었다. 간단히 리허설을 마치고, 바로 공연을 시작했다.

뭔가 이상했다. 자세히 보니 한쪽 테이블에서 어린 친구 셋이 하하 호호 셀카를 찍으며 그들만의 시간을 보내고 있었다. 그녀들은 공연은 듣지 않고 계속해서 키득거리고만 있었다. 어쩌면 그들에게 나는 불청객이었던 걸까. 부르는 내내 나는 그게 신경 쓰였다. 물론 열심히 듣는 사려 깊은 사람들도 있었다. 나는 해야 할 것들을, 그리고 내가 잘 하는 것을 떠올리며 노래를 이어나갔다. 그렇게 열 곡을 불렀다. 만약 우리가 혁오나 십센치였다면 그녀들이 셀카 찍는 걸 그만두고 공연에 좀 더 집중했을지도 모르겠다는 생각이 들었다. 그리고 그것은 어쩌면 '사람에 집중하는 문제'일지도 모르겠다는 생각도. 그녀들은 나를 모르고, 나도 그녀들이 어디서 왔는지 모른다.

일 년 전 경리단길에 있는 피자집 앞에서 공연한 적이 있었는데, 그때 나는 지나가는 사람들을 견딘 대가로 30만 원을 벌었다고 생각했다. 전단지를 나눠주는 사람처럼 지나가는 사람들을 견디고 번 돈 삼십. 해야 할 것을 했으나 어딘가 개운치 못한 기분이 든 그날 나는 술을 유독 많이 마셨다. 바야흐로 돈의 시대이다. 그리고 나는 그 속에서 노래를 부른다. 몇 곡 부르고 수백만 원씩 받은 적도 있었지만, 그리 많진 않았다. 빵(마포구의 라이브클럽)에서 하는 공연 대부분은 페이 없이 한다. 돈을 벌려고 노래를 부르는 건 아니니까. 하지만 돈을 못 받으면 그만한 가치도 없나 하는 생각도 든다. 어제는 20만 원을 받았다. 올해 처음으로 번 돈이었다.

흰 수건

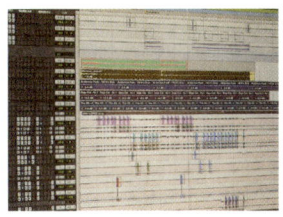

복싱 경기 중 코치는 선수 보호를 위해 흰 수건을 던져 경기를 포기할 수 있다. 그런데 열에 아홉 선수는 수건을 던지지 말라고 한다. 아직 할 수 있다고, 죽어도 수건 던지지 말라고. 두 다리 다 풀리고, 가드 올릴 힘조차 없이 계속 얻어터지면서도 할 수 있다고 외친다. 그런다고 결과가 달라지진 않는다. 하지만 록키 같은 영화 속에선 괴력을 발휘하여 극적으로 이기고, 승리의 기쁨에 취해 두 팔을 번쩍 들기도 한다. 물론 실제 시합에서 그런 경우는 없다.

타이슨이 이런 말을 했다.

"누구나 그럴듯한 계획을 가지고 있다. 얻어터지기 전까진."

요 며칠 뭔가에 계속 얻어터지고 있는 기분이다. 그럴듯한 계획은 있지만 절대로 그렇게 안 된다는 걸 알고 있다. 그런데도 나는 어느새 고집부리는 선수가 되고 만다. 이번 라운드만 버티자. 이번 라운드만 버티자. 쫌만 더 버티자.

아주 옛날에, 그러니까 내가 태어나기 전, 홍수환 아저씨가 기적적으로 이긴 적이 딱 한 번 있었다. 자료 화면으로 남은 그 경기를 어렴풋이 본 기억이 나는데, 네 번이나 다운당한 홍수환 아저씨는 미끄러지지 않으려 발바닥에 송진을 바르고 나갔다. 그리고 외쳤다.

"엄마, 나 참피온 먹었어!"

그게 패배에 가까운 현실 속에서 내가 포기하지 않는 이유라면 이유랄까.

문어소년

문어소년에게 말하고 싶다.

백 곡을 쓰고 난 뒤에도, 그때가 돼도 그대로일 가능성이 매우 크다는 것을. 잘 되려는 마음으로 음악을 만들면 결국 안 됐을 때 자기 자신을 괴롭히게 된다고. 그러니 차라리 그런 생각 보다는 로또를 사는 마음으로 음악을 하라고.

로또를 되려고 사는가? 물론 되려고 사긴 하지 ㅎㅎ. 하지만 팔백만 분의 1 확률을 기대하는 건, 패를 안 보고 하는 올인처럼 미친 짓이다. 로또를 사는 건 그냥 희망 같은 거다. 좋은 꿈을 꾼 날, 아무에게도 말하지 않고 로또를 산 후 돌아오는 길. 레인지로버를 살까 포르쉐를 살까 아니면 저번에 촬영 갔던 연희동의 단독 주택을 살까, 십 년 넘게 월세로 살고 있는 이 집을 그냥 사버릴까? 집에는 얼마를 줘야겠다. 일단 비즈니스를 타고 유럽을 한번 가자. 아 그럼 아도이는 어떡하지? 뭐 이런 쓸데없는 생각들을 하며 잠깐 기분 좋아짐을 느끼고, 그러고 나서 금세 다시 일상으로 돌아가는 거다. 로또 번호를 맞춰보고 안 됐다며 자책하거나 할 필요가 하나도 없는 것이다. 온몸에 황금 똥칠을 해서 그 속에서 허우적거리고, 돼지가 숫자를 물고 온 꿈을 꿨다 해도 말이다.

살아보니 인생은 참 얄궂기도 해서, 문어 네가 포기한 백한 번째 곡부터 잘 될지도 모르는 일이다. 내 생각에 돈 한 푼 안 드는 그 희망마저 스스로 담보 잡힌다면, 음악가의 삶은 정말이지 아무런 가망이 없다. 희망은 좋은 거다. 버리지 마라.

어떤 날

북적대는 주말 거리를 투명인간처럼 거스르다 보면
이제 이 거리는 내 것이 아님을 깨닫게 된다.
돌아갈 곳이 있음에도 나는 문득 외로웠다.
너희들은 나를 보지만 나는 너희들을 보지 않아.
혹은 그 반대거나.
사실, 어떤 날은 외롭다. 함께 있어도.

매트리스

/1 매트리스

우리 집엔 애들이 참 많이 온다. 영화 '황해'에 나오는 조선족 숙소처럼 애들이 바글바글하다. 심할 때는 집에 오면 모르는 사람, 그러니까 '아는 동생의 친구의 동생'이 자고 있기도 했다. 지방에서 올라온 친구들. 홍대에 놀러 온 친구들. 차가 끊긴 친구들. 오갈 데 없는 애들을 보육원처럼 다 받아준다고 누군가 천사의 집 같다고 했고, 그때부터 이 집은 엔젤하우스라 불리게 되었다.

엔젤하우스는 일종의 아지트였다. 엔젤엔 처음엔 나 혼자 살았는데 월세가 부담돼서 동생 한 명을 불렀고, 나중엔 한 명 더 불렀다. 그렇게 남자 세 명이 함께 살았다. 아마 홍대 최초의 셰어하우스가 아니었을까? 비밀인데, 한동안은 월세를 네 명이 나눠 내기도 했다. 그때 나는 그게 너무 창피해서 사람들한테 그냥 세 명이 산다고 했다. 그런데 사실 세 명이나 네 명이나 아무 상관이 없는 게, 이 집에는 항상 여섯 명 이상이 있었다. 큰 방에서 두 명이 자고 작은방에서 두 명이 자고 거실에서 네다섯 명이 자고, 축구라도 하는 날엔 여덟 명 넘게 있었다. 그 불알 냄새 나는 것들이 술이라도 먹는 날엔 운동부 숙소가 따로 없었다. 족발에 소주에/ 닭발에 소주에/ 치킨에 소주에 /보쌈에 소주에/ 여기가 집이 맞긴 한 걸까?

술을 워낙 마셨기 때문에 실수하는 일도 종종 생겼는데, 거기 사는 입장에선 정말 곤혹스러운 일이었다. 가장 싫었던 건 자다가 침대에 토하는 애들이 일 년에 한 명씩 꼭 있었다는 것. 그럴 때마다 매트리스를 새로 주문하곤 했다. 거짓말 같지만, 침대에 오줌을 싼 놈도 있었다. 누군가 토하고 오줌 싼 매트리스에서 자고 싶은 사람은 아무도 없을 거다. 하지만 새 매트리스가 올 때까지는, 더 정확히는 통장에 돈이 들어올 때까지는 페브리즈를 뿌리고 매트리스를 뒤집고, 좌우를 바꾸는 일을 계속해야만 했다.

"택배입니다."

드디어 새 매트리스가 왔다.

"태우야, 매트리스 왔다. 뜯어라."

태우가 싱글벙글 웃는 얼굴로 비닐을 뜯는다.

오늘은 뽀송뽀송한 새 침대에서 잘 수 있다. 태우랑.

/2 모델 일

태우는 패션쇼 할 때 처음 알게 되었다. 태우는 모델이었다. 모델인데 고시원에서 살았다. 언젠가 박민규의 소설에서 고시원 생활을 묘사한 부분을 읽었는데, 그게 기억이 나서 두 번째 본 날 바로 같이 살자고 했다. 고시원보다는 나을 거라고. 태우는 특유의 저음으로

"예, 알겠어요."

라고 대답했고, 다음 날 옷 박스 2개를 들고 집으로 들어왔다. 그렇게 우리는 가족이 되었다. 외롭고 힘든 사람들끼리 똘똘 뭉쳐야 한다고 생각했다. 그 후 태우와 나는 '가르텐'이라는 모델 에이전시의 소속 모델이 됐다. 소속사 대표는 계약을 하기 전까지도 우리가 같이 사는 줄 몰랐다고 했다. 그렇게 회사도 같아지면서 함께 일하는 날이 더 많아졌다. 미녀도 잠이 많고, 미남도 잠이 많다. 태우 역시 미남인지라 잠이 많았는데, 함께 촬영이 있는 날에는 항상 태우를 흔들어 깨워야만 했다. 대표가 신경질적인 목소리로 전화를 걸어와, '야, 김태우 좀 깨워.'라고 말하는 걸 몇 번이나 들었는지 모르겠다.

모델에도 다 같은 모델만 있는 게 아니고, 마치 한우 등급처럼 레벨이 있었다. 탑모델, A급 모델……. 태우는 A- 나는 B+정도 됐던 것 같다. 나 같은 경우 머리가 길었고, 실제로 음악을 했었기 때문에 컨셉만 맞으면 거의 픽스가 됐었다. 어쩌면 그런 일만 했던 걸 수도 있다. 그때는 잡지 일을 많이 할 때라 찍었던 잡지가 집으로 많이 오고, 옷도, 신발도 지금보단 많이 오던 때였다. 하지만 오디션만 보고 돌아오는 날도 많았다. 그런 날은 뭔가 허탕 치는 기분이 심하게 들었다.

"안녕하세요. 오주환입니다. 잘 부탁드립니다."

딱 이거 하려고 씻고, 강남까지 갔다가 홍대에 돌아오면 하루가 다 지나가 있었다. 너무 비효율적이라는 생각이 들었다. 진짜 일을 많이 하는 모델들은 이 과정을 생략하고 바로 계약하고 일한다는 사실을, 나는 나중에 알게 됐다.

이 모델 일이라는 것은 육하원칙처럼 명확하다. 모델(누가), 포토그래퍼(언제, 어디서). 스타일리스트(무엇을, 어떻게). 헤어&메이크업 아티스트(어떻게). 에디터(왜). 이것이 이 세계의 전부다. 이 중 하나라도 빠지면 좋은 촬영이 되긴 힘들다. 자유로워 보이는 이면에 위계질서가 존재하는, 매우 효율적인 게 모델 일이다.

처음에는 브랜드나 메이저 잡지의 촬영이 잡히면 무조건 굶었다. 왜냐하면 당연히 말라야 옷발도 잘 서고, 사진도 잘 나오기 때문이다. 그리고 사진 좋다는 말이 나와야 다음 일을 할 수 있었다. 그래서 가뜩이나 안 먹는 밥을 더 안 먹었다. 그때 내 몸무게가 62kg였고, 한창 말랐을 때는 58kg까지 뺐었다. 포동포동 살이 쪄서 지금은 70kg이다. 광고는 페이가 좋았지만 일이 별로 없었고, 잡지는 보통 페이지당 5만 원을 받았다. 4페이지 6페이지씩 찍어서 회사와 반씩 나눴다. 그마저도 페이가 상대적으로 낮은 뉴페이스 모델들이 우글거려서, 점점 촬영하는 날이 줄어들었다. 미래가 불투명한 건 둘째 치고, 당연히 이 일만으론 생활이 안 됐으므로, 우리는 근본적인 대안을 찾기 시작했다.

/3 바버샵

"형, 나 바버 할래요."

태우가 처음에 바버가 된다고 했을 때, 나는 바보가 된다는 소리로 잘못 들었다. 바버가 뭔지도 몰랐으니까. 안 그래도 바본데.

바버샵은 말 그대로 이발소고 바버는 이발사다. 나는 미용실만 다녀서 몰랐지만 태우는 해외에서는 다 이렇게 머리를 한다고 설명했다. 대학교 때 미용 전공을 했는데 그 전공을 살려 이걸 한번 해보고 싶다고 했다. 바버샵이라는 개념 자체가 없었을 때였지만, 태우는 항상 그런 거에 빨랐다. 오토바이도 좋아했고, 남자의 멋, 뭐 그런 걸 아주 중요하게 생각하는 동생이었다.

태우는 가게를 낼 돈이 당연히 없었으므로 집에서 머리를 잘랐다. 무허가로. 처음에 내게 집에서 바버샵을 해도 되냐고 물어봤고, 나는 썩 내키진 않았지만 어떻게든 살아보려는 그런 마음이 느꺼져서 그러라고 했다. 태우는 유튜브로 바버들이 머리 깎는 걸 보면서 매일 연습했다. 연습용 미용 머리라고 해야 하나? 방에 머리만 있는 마네킹들이 하나둘 늘어났다. 불 꺼진 방에서 홀로 누워있을 때 그것들을 보며 오만가지 생각을 하곤 했었다.

얼마 후 태우는 나와 함께 쓰는 큰 방에다가 자신의 첫 번째 바버샵을 꾸몄다. 어디서 아주 크고 무거운 이발소 의자 하나를 가져오더니 방 한가운데다 떡하고 놓았다. 그리고 다이소에서 액자를 잔뜩 사 오더니 잡지에서 오려낸 바버 사진들을 채워 넣었고, 벽에 커다란 성조기도 걸어놓았다. 잭 다니엘 빈 병을 물뿌리개로 만들고, 명함도 파고, 스티커도 만들고, 가지고 있는 포마드도 전부 꺼내어 잔뜩 쌓아뒀다. 태우의 열정으로 방이 바버샵으로 뒤바뀌었다.

처음에는 모델 친구들이 와서 머리를 잘랐다. 예약제로만 운영되어 하루에 손님 1~2명 많아야 3명 왔었는데 입소문을 타고 점점 알려지기 시작하다가, 김원중 같이 톱모델 친구들이 오고 케이블 티브이에 소개된 이후로, 바버샵은 SNS를 타고 금방 입소문이 났다.

태우가 머리를 하는 낮 동안에 나는 주로 커피숍에서 시간을 때우거나 작은 방에서 숨죽이며 책을 읽었다. 그리고 밤이 되면 세웠던 매트리스(천으로 덮어놨던)를 바닥에 깔고 거기서 태우와 함께 잠을 청했다. 태우는 머리를 할 때마다 빗자루로 방바닥을 쓸었다. 그런데 그래도 어디에선가 머리카락이 계속 나왔다. 눈에는 안 보이는데 누우면 짧은 머리카락들이 등에 붙고, 옷에 붙고, 온몸에 붙었다. 태우는 더욱 열심히 쓸었다. 하지만 그건 더는 쓸고 닦고의 문제가 아니었다. 1년쯤 그렇게 살았을까? 태우는 그 이후로 압구정동 커피숍 한구석에 바버샵을 얻어 좀 더 본격적으로 일하기 시작했다. 벽에는 성조기 대신 영업 신고증을 달고 풀타임 바버가 되었다.

그리고 그로부터 2년이 흐른 지금, 태우는 자신을 쏙 빼닮은 성수동 바버샵의 주인이 되었다. '빌리 캣 바버샵.' 개업식 날 본 성수동의 바버샵은 놀라울 정도로 완벽했다. 번쩍거리는 유리에 커다란 의자도 4개나 있었고, 직원도 3명이나 있었다. 특히 주황색과 하얀색이 섞여 있는 체스판 패턴의 타일 바닥을 보고 있자니 옛날 생각이 났다. 그 바닥을 보며 그동안 태우가 얼마나 많은 빗질을 했을까? 그 머리카락을 쓸면서 얼마나 많이 가슴을 쓸어내렸을까? 그런 생각들에 울컥해졌다. 그리고 태우의 결혼식 날, 나는 한 통의 편지를 건넸다.

"예전에 같이 살 때 집에서 태우가 머리 깎아주고 그럴 때 좋았다. 태우는 내가 아는 사람 중에 가장 멋있다. 이래서 멋있고 저래서 멋있고 이런 거 없이, 그냥 멋있는 것이다. 패션 감각도 일품이다. 여자들은 생각보다 태우를 별로 안 좋아하는 것 같다. 나는 당연히 태우가 여자들로부터 모든 인기를 독차지할 거라고 생각했지만 그렇지는 않았다. 나는 태우가 여자들한테 저평가되고 있다고 생각한다. 태우는 내 1등 동생이다. 태우는 어딘지 모르게 최민수 같다. 처음 봤을 때는 리버피닉스 같기도 했다. 어느 겨울에 태우가 옆에서 자다가 오망오망(엄마) 하면서 잠꼬대를 했는데 마음이 안쓰러웠다. 태우는 제주도 출신인데 그때부터 마음속으로 더 잘해줘야지 생각했다. 그래서 태우가 생일선물로 받은 내 몽블랑 만년필을 훔쳐 갔을 때도 나는 아무렇지 않게 용서했다. 태우와 나는 좋아하는 것도 비슷하다. 우리는 노래방에 가면 임재범 노래를 부르고 최민수나 임재범이 멋지다고 생각한다. 게다가 태우의 저음은 끝내준다. 우리의 추억은 아마 이러한 기억에서 크게 확장되지는 못할 것이다. 하지만 그것은 젊은 날의 아름다운 기억들로 오래도록 남을 것이다. 언젠가 7월 초여름에, 우리는 손목에 귀여운 거북이 문신이 있는, 왠지 무뚝뚝한 슈퍼주인에게서 아이스콜라를 하나 사 나눠 마셨다. 그리고 같이 담배를 피웠다. 나는 말보로 맨솔을 태우는 말보로 레드를 말이다. 나는 진심으로 여전히 태우를 좋아한다. 태우가 제수씨랑 결혼생활 잘하고 언제나 행복했으면 좋겠다. 나는 태우가 자랑스럽다."

Bike

오후 4시 반쯤, 덥지도 않고 춥지도 않고 햇살도 너무 좋아서 '이건 도대체 몇 도지?' 하고 봤더니 28도였다. 나는 28도를 좋아하는구나. 습하지도 않고 바람도 적당했다. 밥도 먹었겠다 캠핑 의자를 꺼내서 밖에서 커피를 마시며 담배를 태웠다. 가끔씩 요다를 쓰다듬으면서. 불행하지 않은 걸 다행으로 여기며 살아가고 있다. 베스트는 아니지만 이 정도면 나쁘지 않다. 딱히 음악을 틀진 않았는데, 28도에 어울리는 음악을 만들면 좋겠다 싶었다.

사랑

꿈에서 멤버들의 어머니를 보았다. 당연한 말이지만, 다영이를 사랑하고 성중이를 사랑하고 근창이를 사랑하셨다. 자식을 기특해하고, 자랑스러워하고, 대견해하고, 그러면서 미안해하셨다. 어머니는 그런 존재인가 보다. 그게 너무 잘 느껴졌다.

밴드는 기본적으로 스포츠팀과 비슷하다. 포지션이 있고 각자 역할을 잘 해냈을 때 뭔가를 기대할 수 있다. 그래서 가족보다는 오히려 회사에 가깝다고 생각한다. 가장 비효율적인 일을 하면서 효율을 따지는 게 아이러니하지만, 나는 잘하고 싶어 많은 밤을 고민했다.

다들 섬세한 마음들이라 항상 조심스러웠다. 문제가 생겼을 때 잘 매듭짓지 못하면 균열이 생긴다. 작은 균열은 결국 큰 균열이 된다. 관계는 수평적이지만 늘 그렇진 않았다. 균열이 감지될 때면 리더로서, 수직적일 수밖에 없었다. 그렇게 수직적이었을 때, 혹여 상처받진 않을까 생각하기도 했다. 그럼에도 불구하고 그렇게 해야 했을 때는 마음이 어지러웠다.

감정을 깊게 나눌수록 상대방에 기대하게 되고, 그러다 보면 핀트가 어긋나거나 작은 일에도 서운한 마음이 생길까 걱정돼 감정을 드러내지 않았다. 그러다 두 번 정도 울었는데, 처음 울 땐 나 혼자 울었고, 두 번째 울 땐 다 함께 울었다. 나중에 든 생각이지만 다 같이 펑펑 운 영국에서의 그날 밤, 말하지 않았어도 서로가 서로에게 조금씩 힘이 되고 있었구나 생각했다.

그런데도 이 생활은 쉽지 않다. 각자 팔 한쪽씩 내놓고 음악하고 있다. 해야 할 일이 매일 있고, 항상 뭔가를 선택해야 했다. 내 몸은 회사와는 거리가 먼 인간인데, 정신은 어느새 회사화되고 있었다. 나는 지금 무얼 쫓고 있는 걸까? 비교적 최근에서야 나 자신의 균열이야말로 가장 위험한 불안 요소가 될 수도 있겠다 생각했다.

나를 밴드의 엄마라고 한다. 나는 엄마가 아닌데. 하지만 꿈에 나온 어머니들을 생각하며 균열을 꿰매는 바느질을 이어나간다. 나는 없다. 쪼개지고 싶지 않다. 그래서 나는 있다. 하지만 어머니처럼 배려하고, 이해하고, 끝까지 화내지 않을 수 있을까?

사랑하고 싶다. 참새방앗간에서 혼자 질질 짠 날, 새 앨범 이름을 〈LOVE〉로 정했다.

카드론

사진 오른쪽에 있는 친구는 제병진이다. 직업은 뮤지컬 배우다. 카드론에 빠삭하다. 12살 때부터 알았으니까 안 지는 꽤 됐다. 그 옆에 있는 애는 유상혁이다. 병진이 대학교 친군데 22살쯤에 알았으니 애도 안 지는 꽤 됐다. 상혁이는 생긴 게 맘에 들어서 처음 봤을 때부터 좋아했다. 내가 충정로 살고, 병진이가 신촌 살 때 자주 만나서 밥도 먹고, 위닝도 하고, 그러면서 놀았다. 그때부터 유상혁이랑 제병진은 붙어 있었다. 샴쌍둥이처럼.

엔젤하우스 시절에는 주변에 사람이 워낙 많아서 병진이랑 연락이 좀 소원해졌다. 그러다 병진이가 집 근처로 이사 오면서부터 다시 자주 보게 됐다. 물론 유상혁도 같이. 몰랐는데 우리는 어느덧 삼십 대 중반이 돼버렸다. 그리고 또 몰랐는데(사실은 알았는데) 셋 다 별 볼일 없다. 근데도 용케 어떻게, 이렇게 저렇게 살아지는 것 같다는 생각이 들었다. 받아들이기 힘든 것들을, 조금씩 인정하고 받아들이며 살면 되지 않겠냐는 얘기를 하면서. 누구는 뭐가 됐네, 어디에 집을 샀네, 무슨 차를 샀네. 우리와 연관 없는 이런 말들을 늘어놓으면서. 술을 마셨다. 그리고 지난여름을 떠올렸다.

지난여름, 우리는 함께 베트남에 있었다. 호이안과 다낭, 그리고 하노이에 가기로 했다. 셋 다 풍족하지 않았지만 여행 갈 돈을 모으고, 돈이 모자라면 좀 빌려주고, 가위바위보로 침대를 정하고, 아무튼 그렇게 싸고 좋은 숙소를 고르며 여행 계획을 세웠다. 계획이랄 것도 없었다. 그게 전부였으니까.

우리는 스쿠터를 타고 밤이고 낮이고 다낭, 호이안 구석구석을 돌아다녔다. 날마다 수영을 하고, 밤마다 맥주를 마셨다. 베트남어로 된 메뉴를 보고 감으로 음식들을 주문하고(베트남 음식 최고라며 소리를 지르고), 우리는 2주 동안 서로를 찍어주며 많은 사진과 동영상을 남겼다. 허름한 이발소에 들어가 이천 원 주고 머리를 깎고, 아보카도를 아포가토로 발음하지 않으려 하고, 돌아오는 비행기에서 먹을까 말까 고민하다 결국 먹어버린 오천 원짜리 컵라면에 즐거워하던 모습들까지. 나는 이런 모습들이 우리의 어떤 소중한 지점이라고 생각한다. 그때가 우리 서른셋이었다. 재미있으면 시간이 빨리 가는 것처럼 느껴진다. 그런데 한 가지 또 재미있는 사실은, 돌아와서 생각해보면 그 짧았던 시간이 아주 길게 느껴진다는 점이다.

길고 긴 인생에서 하루하루는 점에 불과하겠지만, 괜찮은 점들을 찍으며 보낸 그 베트남에서의 날들은 선명한 밑줄로 남아있다. 더 먼 훗날 돌이켜보았을 때, 밑줄이 많이 그어진 인생이라면 좋겠다고 생각했다.

콩 벌레

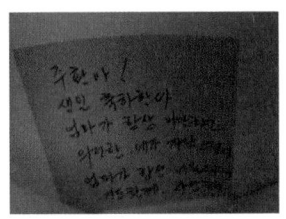

 나는 술도 진탕 마시고 친구들도 많아서 거의 매일 부어라 마셔라 노는 편인데, 정작 내 생일에는 콩 벌레처럼 잔뜩 웅크린 채 하루를 보내곤 한다. 그냥 오늘이 조용히 지나서 내일이 되기만을 바라는 것 같다. 생일이면 어김없이 구멍에 빠져서, 아무도 만나기 싫고 아무것도 하기 싫을 정도로 무기력해진다. 누군가 케이크 초 불기를 거부하도록 조종하는 게 아닐까 하는 생각이 들 정도니까.
 십 년 전에, 혼자 산 케이크에 불을 붙이고 불었던 기억이 있다. 그다음 해에도 똑같이 그랬다. 이유도 모른 채 콩 벌레처럼 돌돌 말리는 습관 때문에 언제나 주변 사람들에게 미안했다. 그래서 경록절에 비할 바는 아니지만, 명월관이나 드럭 같은 곳을 통째로 빌리기도, 이틀에 걸쳐 호사스러운 생일파티를 한 적도 있다. 그런데 그렇게 스케일 큰 생일파티를 하면서도 언제나 내가 태어난 날

만큼은 조용히 보내고 싶어 했던 것 같다. 하지만 그럼에도 불구하고, '지랄 말라'며, 생일만 되면 콩 벌레가 되는 나의 서른네 번째 생일을 축하해준 모두들. 너무 고맙습니다.

---

*2월 11일 경목절은 홍대 3대 명절 중 하나다. 크라잉넛 한경록의 생일파티.

광주

광주로 내려가는 동안 서 피디는 피곤했는지 줄곧 코를 골
았다.
그런 서 피디를 깨우기 싫었는지. 아니면 그냥 혼자서 운전만을
하고 싶었는지. 어떤 마음이 더 컸던 건진 명확히 모르겠지만.
어쨌든 나는, 한 번도 쉬지 않고 달렸다.

흐림과 비가 교차하는 고속도로에서 바라본 바깥 풍경은
찰나의 기초와 제법 운치 있게 어우러졌다.
그리고 그 순간 아주 잠깐이었지만, 나는 여행자가 되었다.

저녁엔, 서 피디와 고급 참치를 먹으며 시청률에 관한 이야기를

나눴고, 신주쿠보다 화려한 광주의 유흥가에 숙소를 잡고서,
또 술을 먹었다. 고급 참치를 먹듯이.

확실히, 화려한 네온사인은 사람의 마음을 들뜨게 한다.
취한 서 피디의 시선이 네온사인을 향해있다.
이미 마신 두 남자는 참치보다도 비싼 술을 꽤 많이 남겼다.

광주는 처음이다.
모텔방 입구에선 역시나 특유의 모텔 냄새가 난다.
모텔에서 지낸 적 있는 나는 모텔이 싫다.
믿기 어렵겠지만, 그래서 모텔엔 가지 않는다.
하지만, 곰곰이 생각해보니 그 냄새가 싫은 건지,
그 시절이 싫은 건지, 모텔이 싫은 건지, 아니면 그냥 다 싫은 건지.
정확히 뭐가 얼마만큼 싫은 건지도 모르고 싫어했다. 대략 7년 동안.

하지만 앞으론 서 피디와 일주일에 한 번은 모텔에서 잠을 자

야 한다.

그런 생각이 들자 나는 문득 홍대가 그립기까지 하였다.

잘 알 수 없는 것들로 인해 쉽게 잠들지 못했던 나는,

창문을 열고 담배를 피우면서 한참 동안 네온사인을 바라보았다.

기분이 묘했다. 예민하지도 그렇다고 예민하지 않지도 않은 나는 나에게 물어본다.

과연 나에게 이미지라는 게 있었던가?

나를 지키는 일은, 생각보다 훨씬 어렵고 많은 걸 뿌리쳐야 한다.

결국엔, 약간의 맥주와 담배를 사러 나간 편의점에서

도시의 모든 네온사인이 꺼지기만을 하염없이 기다렸다.

19.5도

19.5도의 처음처럼보단
25도의 진로를 마시는 남자들
후레쉬하지 못한 그들은 연변의 개장수처럼
모여앉아 고기를 굽고
아까 본 여자 얘기를 한다
낄낄 흉내 내고 낄낄 웃고
그러다 어슬렁어슬렁
날 다리를 응시하다가 낄낄낄
술 센 놈이 진로의 취한 숨을 뱉는다
소득이 없는 남자들이 가치를 따지고 있다
있거나 없거나
아직 보석 같은 존재를 느끼려 한다

그렇게 술을 너무 많이 먹어
두꺼비처럼 배불러진 가엾은 존재들
그런 이들의 잠바에선 어쩐지 불알 냄새가 난다
그곳엔 오직 기타가 있고 그 옆에서
자기 불알을 열심히 핥고 있는 개가 있을 뿐이다

하고 싶은 일

"그래도 너는 하고 싶은 걸 하잖아."

가끔 사람들에게 이런 말을 듣습니다. 아. 이 얼마나 범하기 쉬운 어림짐작인지 당신은 모르실 겁니다. '하고 싶은 걸 한다.'라. 투정처럼 들리겠지만 이것은 투정이 아닙니다. 조금만 자세히 들여다보면 저 역시 하기 싫은 일들을 할 때가 대부분입니다. 서늘한 시옷 발음의 걸리적거림 같이 걸리적거리는 가사를 내 입으로 부르는 게 얼마나 괴로운 일인지쯤은 말하지 않아도 당연히 짐작하실 줄 알았습니다. 고집스럽게 음악만을 파는 것처럼 보이는 걸 구태여 들춰내고 싶진 않지만, 많은 것들이 사실과 다른 게 사실입니다.

격무와 야근과 접대와 서류에 시달리지 않을 뿐이지 이곳에도 엄연히 스트레스가 존재합니다. 강도는 모르겠습니다만, 정치와 술수가 난무하고 뒤통수와 쌩깜과 치졸함과 모욕과 아무튼 거기에 있는 모든 게 여기에도 존재합니다. 하지만 그것을 버틸만한 정기적인 월급 통장 같은 건 없는, 그래서 월급이 주는 달콤함이랄지 보너스의 기쁨 같은 걸 알 길이 없는 걸 빼면 저도 회사 다니는 당신과 비슷합니다. 아, 물론 당신 말처럼 저는 하고 싶은 걸 하고는 있습니다. 그렇지만 아무리 봐도 그것만으로 설명이 부족한 저는 그저 음악이란 취약한 노동을 하고 있는 무직에 가까운 30대입니다.

야구 좋아하세요? 저는 야구를 참 좋아합니다. 그리고 야구에 빗대어 비유하는 것 역시 좋아합니다.

1회부터 9회까지. 공 하나하나를 감독이 아닌 구단주가 지시한다고 생각해봅시다. 구단주가 감독에게, 감독이 투수코치에게, 투수코치가 다시 포수에게, 그리고 마침내 투수에게로 전달된 메시지. '자, 이번엔 바깥쪽 볼을 던져. 구종은 슬라이더.', '자, 이번엔 몸 쪽으로 붙여서 직구.', '승부하고 싶겠지만 걸러.', '타이밍을 뺏어야 하니까 변화구로 가보자. 낙차 큰 커브나 포크볼.'

투수는 아바타가 아니지만, 실제로 마운드에선 이런 일들이 일어나곤 합니다. 사인을 무시한 투수는 곧바로 강판 당하곤 합니다. 물론 시키는 대로 던지는 것 역시 굉장한 능력입니다만, 과연 선수 본인이 투수로서 행복할까 생각해본다면 저는 '아니다'에 가깝다고 봅니다. 물론 팀 스포츠인 야구에선(개인 스포츠이기도 한. 그래서 좋아합니다) 훌륭한 포수의 리드와 벤치의 분석을 받으며 경기를 해나가는 것이 가장 이상적인 모습입니다. 그러나 모름지기 투수라면 던지기 싫은 공은 던지지 말아야 한다고 생각합니다. 그래서 저는 고개를 가로젓는 투수가 좋습니다. 자신을 믿고 그 의지대로 승부를 보고 싶다는 말일 테니까요. 제게도 바람은 있습니다. 20승이라든지 2점대 방어율 같은 걸 바라는 건 아니고, 더 늙기 전에 자신의 뜻대로 던지고 싶은 공을 마음껏 던져보고 싶은 마음 같은 것 말입니다. 그 팀이 설령 KT일지라도 말이죠.

가능한 모든 아웃풋들을 컨트롤해서 내보이고 싶은 욕심. 나를 어떻게 생각하든 그건 당신 마음이지만, 나 스스로 '이렇게 됐으면 좋겠다.'라는 것에 가까워지려는 노력. 저는 이런 것들이야말로 진정, 하고 싶은걸 하는 일이라고 생각합니다. 상황이 이쯤 되면 걸리적거리는 가사가 내게 얼마나 많은 인내를 요구했는지 이제 충분히 아셨으리라 믿습니다. 나쓰메 소세끼가 이런 말을 했습니다. "한가해 보이는 사람도 마음속을 두드려보면 어딘가 슬픈 소리가 난다." 저는 고개를 좌우로 가로저었습니다. 아아. 이제 이런 노래는 더 이상 하기 싫어.

안 하면 0, 뭐라도 하면 1

2013년 여름에는 정말 바빴다. 그해 여름엔 한국보다 일본에 더 오래 있었다. 그 당시 나는 '이스턴 사이드 킥'이라는 록 밴드 활동을 하고 있었다. 일본에서 활동을 막 시작하려던 참이라 한국과 일본을 오가며 후지 티비, 섬머 소닉 등에 참가하며 고군분투하고 있었다. 그러던 와중 장근석의 일본 투어 밴드를 제안 받게 됐다. 장근석 투어 밴드라……. 밴드가 걸어왔던 길과는 너무 달랐던 터라 내부적으로도 의견이 분분했다. '록부심'에 쩔어 있던 멤버도 있었고 솔직히 음악적으로도 의뭉스러운 구석이 있었지만, 했으면 좋겠다 하는 회사의 은근한 압박과 생각보다 괜찮았던 보수 때문에 어쨌든 우리는 그 제안을 받아들였다. 장근석 투어에 합류하기로 했다.

그렇게 우리는 장근석이 콘서트에서 하는 모든 곡을 연주하게 됐다. 첫 번째 공연은 신곡을 발표하는 작은 쇼케이스라 들었지만, 몇천 명이 들어오는 곳에서 이루어졌고 그마저도 미처 표를 구하지 못한 팬들이 밖에서 장사진을 치고 있을 정도였다. 지금도 그런지 모르겠지만, 그때만 해도 근짱은 일본에서 엄청난 인기를 얻고 있는 슈퍼스타였다. 한류열풍의 한가운데에 있었고, 우리로서는 상상할 수도 없는 규모의 큰 공연들을 진행하며 커리어의 정점에 있을 때였다. 장근석에게 큰 관심이 없던 터라 잘 몰랐지만, 일을 하면서부터 그가 얼마나 유명인사인지 알게 됐는데, 인천공항이든 나리타든 하네다든 공항에 장근석 사진이 엄청나게 많이 붙어있는 걸 봤다. 또 공항에서 기다리는 팬들도 족히 수백 명은 돼서, 경호원들이 경호에 진땀을 흘리고 있기도 했다.'

'아, 슈퍼스타의 위엄은 이런 것인가?' 홍대에서 나름 괜찮은 록 밴드를 하고 있다는 자존심은 그야말로 철저히 외면당했다. 완벽한 배경. 근짱은 태양이었고, 매니저들과 스타일리스트, 메이크업아티스트, 포토그래퍼, 밴드 기타 등등 모든 스태프는 근짱을 중심으로 돌아가는 행성 내지는 작은 위성들이었다. 모두가 그를 위해 움직였고, 납득하기 어려운 다소 오버스러운 리액션에 멤버들은 약간의 거북함을 느끼고 있었다. 거북함을 느끼고 있었지만 대기실에는 고급 초밥세트가 흘러넘치곤 했고, 우리는 아닌 척 눈치를 보며 초밥을 남김없이 먹어치웠다.

숙소는 롯폰기 힐스에 있는 리츠칼튼이었다. 도쿄를 여러 번 가봤어도 거기서 묵는 건 처음이었다. 보통 많은 인원이 가는 투어는 2인 1실이 기본인데 우리는 1인 1실이었다. 비싼 호텔이라 솔직히 내 돈 주고는 못 자는 곳인데, 심지어 보안상의 이유로 한 층을 통째로 빌려버렸다. '여기서 혼자 자도 괜찮은 걸까?' 그런 생각을 하는 와중에, '딩동.' 누군가 찾아왔다.

"형~ 기타 배우러 왔어."

근짱이었다. 공연 후 뒤풀이 때 술 마시며 흘리듯 말했는데, 진짜로 기타를 배우러 온 거다. 나로서야 슈퍼스타에게 기타를 가르쳐줘서 나쁠 게 하나 없으니, 속성으로 가르쳐줬다. 뭐, 기타를 거의 처음 잡았다 해도 과언이 아닐 정도의 실력이었다. 그러나 근짱은

"이것만 이렇게 하면 된다 이거지?"

이런 말을 남기며 한 시간 정도 머물다 자신의 방으로 돌아갔

다.

다음날, 여느 때처럼 리허설을 하고 있는데, 근짱이 무대 위에서 기타를 치고 있었다. 그냥 연습하나보다 하고 지나쳤는데 실제 공연 때 나는 놀라지 않을 수 없었다. 수만 명의 관객 앞에서 어제 가르쳐준 걸 쳐버린 거다. '이 새끼, 이거 뭐야.' 나는 속으로 그가 미쳤다고 생각했다. 만약 나라면 그 많은 사람 앞에서 기타를 잡을 생각조차 못 할 것 같은데, 바로 어제 배운 걸 더듬더듬 쳤고, 관객들은 그 모습에 열광해버렸다.

'에릭 클랩튼이 와도 저 박수는 안 나오겠다.'고 생각했다. 그는 두려움을 모르는 사람처럼 행동에 거침이 없었다. '자리가 사람을 만든다는 말을 이럴 때 쓰는 거구나.' 확실히 근짱은 몸을 부풀리는 황소개구리처럼 실제 자신보다 커 보이게 만드는데 탁월한 재능이 있었다. 아무도 없는 곳에서 그러는 것과 수만 명 앞에서 그러는 건 천지 차이니까. 어쩌면 매일 자신을 보러 오는 수많은 팬에게 서툴지만 새로운 모습을 보여주려 했던 걸 수도 있었겠다. 라는 생각까지 하게 되었다. 그렇게 여름은 흘러갔고, 근짱과는 오사카 공연을 끝으로 헤어졌다. 마지막 술자리에서 나는 조심스레 물었다.

"완벽하게 연습한 것도 아닌데 그때 어떻게 기타를 칠 생각했어?"

"나는 항상 뭔가를 보여줘야 한다는 부담감이 있어. 그리고 어차피 나는 형들처럼 완벽하게 못 쳐."

나는 되물었다.

"그러면 부끄럽거나 그러진 않았어?"

"근데 그래서 안 하면 0인데, 뭐라도 하면 1이잖아."

그 말이 내 머릿속에 강하게 박혀버렸다. 왜냐하면 나는 잘못하면 마이너스가 될지도 모른단 생각에 항상 조심스럽게 굴었기 때문이었다. 이를테면 1945라는 비행기 게임을 할 때 폭탄이 3개 있는데, 진짜 위험하고 중요할 때 쓰려고, 안 쓰고 버티다가 결국 하나도 못 쓰고 죽어버리는 경우랄까. '아, 아끼지 말고 그때 그냥 폭탄 미리미리 다 써버릴 걸. 3개나 있었는데.'

죽으면 끝이다. 안타깝지만 안 쓴 폭탄은 그대로 없어진다. 언젠가부터 그런 마음을 품고 살았기 때문에 음악을 하는 자유로운 삶처럼 보여도 운신의 폭이 좁은 한정적인 삶이었다. 부당거래에 나왔던 대사처럼, 잘하고 못하고가 중요한 게 아니라 잘하고 있다고 믿는 게 중요한 거. 거기서 한발 나아가 뭐라도 하는 게 중요할 수도 있다는 거. 이것들을 느끼고 난 이후로, 나는 폭탄을 써버리는 쪽으로 바뀌려 노력하기 시작했다.

돌이켜 보면 그해 여름은 내 몸집만 한 모엣 샹동을 먹었고, 고급 스시도, 좋아하는 장어덮밥도 많이 먹었고, 그전에도 그 이후로도 서보지 못했던 큰 무대와 최고의 스텝과 수만 명의 함성 속에 있었다. 잘하려고 애쓰지 않았던 그 시간들이 오히려 좋은 기억으로 남아 있었다. 눈 감고 조금 더 생각해보면 아침마다 먹었던 그 호텔 조식들. 공연이 없는 날이면 밤에 홀로 하염없이 걸었던 일본의 거리들. 그러면서 보았던 것들. 느꼈던 것들이 떠오른다. 하나 배웠다. 안 하면 0, 뭐라도 하면 1.

제제

　라스 폰 트리에가 연출한 〈님포매니악〉에는 이런 대사가 나온다. '소아성애자는 불쌍하지 않은가. 자신의 타고난 본능이 사회적으로 금지된 존재니까. 내가 만난 소아성애자는 특정한 순간까지 자신이 소아성애자인지도 몰랐는데, 자신도 모르게, 부지불식간에 충동을 느껴 발기가 되었고, 그 순간 자신이 소아성애자라는 사실을 깨닫고 자기혐오에 괴로워하더라. 나는 그가 그렇게 자신의 본능을 억누르고 산 것에 기특해서, 그에게 작은 선물을 주었다.'

　그 순간 망치로 머리를 맞은 듯한 기분이 들었다. 99.9%가 아동 성애자를 혐오한다. 그것은 응당 죄악시돼야 할 일이고, 언급조차 피하고 싶은 일이지만, 뒤집어 생각해본 적이 영화를 보기 전까지 없었다. 분명히 나는 그 어떤 폭력성(실질적인 것 포함)에도 반대한다. 하지만 머릿속에 있는 폭력성까지 법으로 막을 수 없다고 생각한다. 좀 더 나아가면 나는 이것이 일반인들의 동성애 혐오와 다르지 않다는 생각마저 들었다. 또 하나의 부조리다.

아동 포르노는 실제 피해자가 발생하기 때문에 철저히 배격해야 한다. 그 자체가 약자인 미성년과의 상호합의는 어떤 형태로도 성립될 수 없다. 그러나 만화는 가상의 세계다. 여기서는 성인이 미성년자를 보호해야 할 의무도 없다. 무슨 짓을 해도 실질적인 피해자가 발생하지 않는다. 살인을 일삼는 게임 역시 마찬가지다. 내가 GTA 5를 매일 한다고 살인자가 되지 않는단 말이다. 음악, 영화, 소설, 그림 역시 마찬가지다. 실제가 아닌 허구의 세계이다.

"표현의 자유는 보장돼야 한다. 만약 그것이 불편하다면 접하지 마라."

나는 이 논리의 손을 들어주고 싶다.

가난한 사람의 시간

　가난한 사람의 시간은 정말 많이 낭비된다. 그리고 나 역시 이 아름다운 계절을 통째로 하수구 밑으로 보내버리고 있다. 만약 이 시간들에 누진세가 붙는다면 나는 진작 파산했을 거다. 하지만 흘러넘치는 시간의 중간중간 내게 소중한 지점이 자리 잡고 있다. 이를테면 고양이와 함께 보내는 오후라든지, 한적한 고궁을 느리게 걷는 일이라든지, 시내버스를 타고 광화문에서 내린 후, 그날 기분에 따라 극장이나 서점, 미술관을 둘러보는 일들. 그것들은 별 소득도 없고 할 일도 없어 보이지만, 내게는 소중한 것들이다. 그럼에도 버려지는 시간을 따져보면 역시 비효율적인 게 사실이다. 나는 시간을 잘 못 쓴다. 시간을 잘 못 쓴다는 건 가난하다는 뜻이다. 그리고 가난이 한심함의 척도가 되는 도시에서 나는 살아가고 있다.

제대로 산다는 건 무엇일까? 매일 팔굽혀펴기를 하고 운동장을 달리는 게 잘 사는 걸까? 신문을 읽으며 사회이슈를 놓치지 않는 게 잘 사는 걸까? 활발한 경제활동을 하면서 주변 사람들과 잘 어울리는 게 잘 사는 걸까? 알 것 같지만 사실은 잘 모르겠다. 도서관에 책을 빌리려 갈 때 그 앞 벤치에서 새우잠을 자는 노숙자를 보며, 저게 혹시 내 미래이진 않을까 생각한 적이 있다. 나는 거래처가 없으니까. 거래처가 없다는 건 사회적 연결고리가 없다는 말이다. 거래처가 없는 삶. 고립되는 예술가들이 다른 사람과 구분되는 점이다. 거래처가 없으면 현실감을 잃어버리고 그러면 고립되는 수가 있다.

소설가 김훈은 "단단한 문장을 하나 쓰면, 그 문장에 기대어 한 열줄 스무 줄 정도를 쓴다. 그런데 아무리 단단한 문장도 한 페이지 두 페이지 읽다 보면 글이 좀 풀리고 약해지니까, 두세 페이지 뒤에 강한 문장을 또 하나 박아 놓는다. 그런 식으로 글을 이어 나간다."고 했다. 그에 반해 난 어떤 문장 하나에 기대어, 너무 많은 페이지를 무른 문장으로 채워나갔던 게 아닌가 싶었다. 그간 낭비했던 시간들이 물렁물렁한 문장처럼 보였다. 보이던 것들이 보이지 않게 됐을 때, 혹은 안 보이던 것들이 보이게 됐을 때, 인간은 달라진다. 그게 설령 시간을 낭비하는 가난한 사람이라도 말이다.

진주

더러운 굴 껍데기 속에
진주가 박혀있듯
가난한 집에도
마음이 풍요로운 정직한
사람이 살고 있다

심야식당

"몇 살이세요?"
"로쿠쥬니사이."

62살.
40년 음악인생이 심야식당으로 규정되는 것.
오히려 그것에 감사해야 하는 것일까?
그가 한국에 있는 사흘 동안 함께 술을 마셨다.
그는 취했고, 나는 술을 마시며 몇 가지 쓸데없는 질문을 했다.
이 시답잖은 말들이 다 무슨 의미가 있을까.
그래도 무언가는 남았으면 좋겠는데.
약간의 칭찬과 실망감. 작은 선물과 약속.
수고 하셨습니다와 간빠이가 장마철 습기처럼 진득거린다.

어떤 건 엉망이었고, 어떤 건 조금 좋았다.

**스즈키 츠네키치鈴木常吉는 일본의 싱어송라이터다.
일본 드라마 <심야식당>의 OST를 부른 것으로 유명하다.

거리 음악가에 대한 단상

　나는 이 나라에서 기타가 제일 많은 동네에 살고 있다. 기타를 메고 지나가는 사람들을 볼 때마다 생각한다. '그 많던 공연장들은 다 문을 닫고 없어졌는데 저 기타를 메고 도대체 어디로 가는 걸까?'
　이런 말이 있다. 무슨 짓을 하더라도 열 명 중 한 명만 널 좋아하고, 한 명은 싫어하고 나머지 여덟은 아무 관심이 없다. 왠지 우리는 모두 그 한 명 덕분에 아직까지 살아있는 것 같다. 거리에는 여전히 사람이 넘친다. 그래서일까 거리에는 버스커라 불리는 이들이 여기저기서 공연을 하고 있다. 대체로 시끄럽고, 무관심한 사람들을 견디면서.

　기타를 둘러멘 남자가 늦은 밤 홀로 거리에서 절규하듯 노래를 부르고 있다. 노래가 끝나자 한 여자가 다가와 말을 건넨다. 세계적 흥행을 거둔 영화 "원스"의 첫 장면이다. 그 거리는 그래프턴 스트리트(Grafton Street)라는 더블린에 있는 유명한 버스킹 장소다. 7년 전, 나는 이 영화를 본 후 용기를 내어 집밖으로 나와 홍대에서 처음 버스킹을 시작했다. 나에겐 홍대가 곧 더블린의 그래프턴 스트리트였다. 맨손에 기타 하나 들고 홍대 거리를 떠돌며 여기저기서 노래를 불렀다. 처음이라 서툴렀고, 때론 시끄러웠다. 큰 주목을 받진 못해도 낭만이 넘치던 시절이었다. 그러는 몇 년 사이 십센치, 버스커 버스커, 좋아서 하는 밴드 등의 활약에 힘입어, 홍대는 명실상부한 버스킹의 메카가 되었다. 그 영향은 오디션 프로그램의 홍수 속에서 곧바로 나타났다. 텔레비전에선 바가지 머리의 중학생부터 머리 희끗한 60대 어르신까지 다양한 사람들이 통기타를 치며 노래를 부르는 모습이 방영됐다. 이제 주말이면 수십 명의 인파에 둘러싸여 거리에서 버스킹을 하는 뮤지션들을 쉽게 볼 수 있다. 사람이 좀 모이는 곳은 끊임없이 공연이 이어지고, 좀 더 큰 공연을 위해 전기를 사용한다. 좋은 자리를 선점하려고 기싸움을 하기도 하고 음악을 잘 전달하려는 욕심에 앰프의 볼륨을 크게 키우기도 한다.

그렇게 조금씩 커지는 버스킹 때문에 스트레스를 받거나 실질적인 피해를 보는 사람들도 하나둘 생겨나기 시작했다. 견디다 못한 그들의 숫자도 점점 늘어나 급기야는 SNS에서 지역 주민과 상인들의 민원 때문에 버스킹을 단속한다는 소문이 돌기 시작했다.

"버스킹을 허가제로 바꾼다." 곧바로 갑론을박이 이어졌다. "단속이나 금지는 너무 심하다.", "장소와 시간 등을 보완해야 한다.", "상식선에서의 적절한 규제가 필요하다." 얼마 후 단순한 루머로 밝혀진 이 문제에서도 시대를 드러내는 측면이 보인다.

2009년에 기타를 메고 버스킹으로 유명한 산타모니카에 간 적이 있었다. 적당한 간격을 두고 버스킹이 이루어지고 있었다. 길을 따라 잘 정돈되어 있었다. 구경을 하러 간 것이었지만 즉석에서 공연을 하고 싶었다. 하지만 허가제이기 때문에 아쉬움을 삼키고 그냥 돌아와야만 했다. 그리고 얼마 전, 도쿄의 시부야역 출구 한구석에서 포크 공연을 보고 있었다. 미니 앰프를 쓰고 있긴 했지만 음량은 크지 않았다. 연주의 수준이 상당히 높았고, 좋은 연주가 이어지자 삼삼오오 사람들이 모여들었다. 그렇게 모두들 즐겁게 공연을 관람하고 있었는데, 어디선가 경찰이 나타나서 호루라기를 불며 관중들을 해산시켰다. 연주자는 벌금을 물까 봐 전전긍긍했다. 결국 딱지를 떼었고, 나는 너무 화가 나서 "저 사람은 우리에게 이렇게 즐거움을 주는데 왜 벌금을 물어야 합니까?"라고 말했다. 이유는 허가를 받지 않아서였다. 주변에 가게와 주택이 없는 도로라서 민원이 들어올 상황도 아니었는데도 허가를 받지 않은 공연이기 때문이라는 게 경찰의 입장이었다.

버스킹은 당장 이것으로 돈을 벌어 먹고 살아야 하는 이들도 있지만, 한 명의 예술가로서 자신을 정체성을 찾아가는 과정, 즉 자아를 형성하는 하나의 과정이라는 의미의 해석도 가능하다. 나는 이것에 수준이란 게 개입해선 안 된다고 생각한다. 그런데 버스킹의 수준을 올려야 된다는 이들이 있다. 틀을 만들어서 버스킹을 준비하는 이들이 부담을 느낀다면, 그래서 이들이 버스킹을 안 한다면(위축되거나), 그래서 잘하는 이들만 공연을 한다면 그것이야말로 수준을 끌어내리는 일이다. 더 많은 이들이 더 쉽게 참여할 수 있어야 한다. 천안에 사는 아이도 기타를 들고 홍대 놀이터 한쪽 구석에서 기타를 칠 수 있어야 하고 코리아로 여행 온 미국 친구도 기타실력을 뽐낼 수 있어야 한다. 홍대는 이미 그런 곳이고 앞으로 그런 장소로 발전해 나가야 한다. 홍대는 인디음악이 태동한 곳이고, 예술에 관대한 동네고, 그래도 괜찮은 명분이 있는 유일한 동네다. 호루라기를 불어서 버스커들을(예비 버스커들을) 위축시키지 말자. 호루라기를 부는 건 삐끼들로도 충분하다.

해고 통보

"주환 씨, 잠깐 이야기 좀 해요."

…….

기형도가 그랬다. 불안한 예감은 틀린 적이 없다.
다리가 약간 풀렸다. 삶의 밸런스를 겨우내 맞춘 게 아닌가 착각할 정도였으니… 꽉 막혀있는 도로는 점멸하는 붉은 불빛들로 길게 늘어져 있었다. 창문 밖으로 외투를 여미고 어디론가 향하는 사람들이 자꾸만 시야에 맺혔다. 이상하게 바람이 더 차가워진 것 같았다. 라디오를 켰다.

살아오면서, 나는 즐거운 순간이 짧다는 걸. 알고 있었다.

돌이켜 보면 충분히 즐겁게 일하고, 또 즐긴 것 같다.

아침마다 신논현역을 향해가는 9호선 급행열차는 열심히 살고 있다는 기분을 들게 해주었고, 그 콩나물시루 같은 전철을 타려고 환승역을 뛰어다니는 사람이 그렇게 많다는 사실과 그 사람들과 다를 바 없었던 나의 모습도 오래도록 기억에 남을 것이다. 이런 경험만으로도 충분히 값진 석 달이 아니었나 싶다.

그렇게 지난 석 달 동안, 나는 제로섬인 인생에서, 슈퍼마리오가 되어 버섯만을 자꾸 먹는 기분이었다.

이제 겨울이다. 남겨진 사람들은 아마 내일도 점심으로 무얼 먹을까 고민하고, 가위를 낼까 주먹을 낼까 고민하고, 성빈이와 정훈이와 선호는 옷을 몇 번 갈아입었나 머릿속으로 세다가 중간에 잊어버리고, 기린처럼 마지막 코디를 기다리고, 경수 씨는 아이폰 4를 기다리고, 다들 그렇게 주말을 기다릴 테지.

어쩌면 제대로 인사도 못 하고 헤어지는 걸 수도 있겠네요.
그동안 즐거웠습니다. 처음엔 이름 외우기도 힘들었는데.
모두 날카로운 바람에 맞서 고생하세요. 장갑 꼭 끼시구요.

3장

4장

아수라장

삼촌 죽은 지 십 년
사 온 술을 따라 마신다
아빠가 몇 잔을 마신 병을
목잔에 따라 내가 다 마신다
나는 내 삶도 어쩌지 못하는데
어쩌나
누가 나를 도와줄 수도 없는데
어쩌나
바람이 부는 산꼭대기에서
눈발이 세차고
흔들흔들 위태하다 나는

담배가 짧다

'이제 담배를 피워야지.' 생각하면 더는 털 재가 없다.

불을 붙이기가 무섭게 빨리 타들어간 담배는

어느새 필터만 남았고 나는 담배가 너무 짧다고 생각했다.

아버지가 하나로를 피우셨고 한라산을 피우시는 이유도 알 것 같았다.

허무한 나날들

갑자기 밀려드는 검은 파도가 모든 것을 휩쓸고 지나갔다. 고립된 그들과 같은 시간대를 사는 나는 김치찌개를 먹으며, 갈라진 땅과 부서진 잔해들이 보도되는 걸 보았다.

이곳에서 사람들은 불바다 앞에서도 라면 사리를 추가했고, 커피를 마실 때 샷 추가를 했다. 나 역시 그랬다.

인간이란 원래 이런 것인가?

주말 클럽에는 아랑곳없이 분내를 풍기는 여자들이 있었고, 그러고 싶었던(사실은 엉망이 되고 싶었던) 오늘의 나는 그 속에서 술을 몇 잔 마셨다. 사운드 탓인지는 몰라도 인류를 위해서 우주적인 마인드가 필요하다는 생각이 들었다.

쿵. 쿵. 쿵. 쿵.

복구될 수 있는 것과 없는 것을 아는 인간들. 모르는 인간들. 모르는 인간들에게 다소 냉소적인 인간들. 냉소적인 인간들을 비난하는 인간들. 비난하는 인간들에게 실질적인 도움이 못 되는 인간들. 그래서 미안한 인간들. 그리고 그 인간들에게 기어이 하고 싶은 말을 뱉는 나 같은 인간들. 나 같은 인간들의 눈치를 보는 인간들. 크게 보면 다들 별다를 바 없는 인간들.

인간이란 무엇이지?

그렇지만 별 상관이 없다. 사는 데는. 그래서 아, 허무한 나날들이다. 역시나 나의 의지는 아무런 효력이 없다.
살짝 취해서 달리는 새벽에 강변북로는 흔들렸지만, 내게는 그게 안전하게 느껴졌고, 한적한 도로는, 공기는, 오후의 하늘처럼 맑게만 느껴졌다.

---

*검은 파도 : 동일본 대지진

발라드

　우리가 감탄하며 들은 음악이 반드시 우리를 구하진 않는다. 그런 음악은 공구 상자처럼 따로 있어서, 필요할 때만 다가와 우리에게 들리는 것 같다. 그래서 우리는 위안 받아야 할 때 호불호를 떠나 어쩔 수 없이 당신도 들은 적 있는 그런 노래를 듣는 게 아닐까.

죽은 돼지

빈 병이 제멋대로 삐끗하여 계단을 구른다. 깨어진 건 깨어진 거지. 무리 중 일부는 죽은 돼지처럼 몹시 무거웠고, 참을성 없는 나머진 이미 자리를 떠났다. 생각이 다른 아이만이 취하지 않은 채 끝까지 모든 걸 지켜본다. 다리를 드러내고 웃음 짓던 여자는 이런 자신이 조금 낯설었고, 맨살을 더듬거리던 남자는 헤어진 옛 애인이 그리웠다. 창피한 건 삭제되지 않아. 깨어진 건 분명 깨어진 거지. 말할 자격이 없다는 건.

부도를 낸 사장의 메르세데스
바람난 아내가 벌린 가랑이
싸움을 일삼는 동양 챔피온
텅 빈 광장의 연설자

침 냄새나는 슈어58 마이크
조문객 없는 장례식장
냉동실의 검은 봉지
조롱받는 선생님
실적이 없는 자동차 딜러
음탕한 성직자
오링이 난 노름꾼
파면된 공무원
아이를 돌보지 않는 할머니

전화길 만지작거린 아이는
자기 손이 조금 부끄럽게 느껴졌고, 이에 우리는 모두 말할 자격이 없다.

무해함과 유해함

새벽에 목이 말라 냉장고 문을 열었다. 그 안에는 맥주와 맥콜이 있었다.

뭐가 내게 좀 더 무해한 건지를 잠깐 고민했다. 맥주일까, 맥콜일까.

무해함과 유해함.

나는 결국 맥주를 한 캔 마셨다. 마시면서 이 세계를 둘러싼 무해함과 유해함에 대해서 생각했다. 말의 유해함을, 글의 유해함을, 생각과 감정과 행동과 생활과 패턴과 의지와 대립의 무해함과 유해함.

강정마을을 다녔던 때가 있었다. 구럼비 바위를 지키자고 했었다.

지금의 나를 바라보고 있자면 조금 낯이 뜨거워진다.

도재명의 '토성의 영향 아래'를 듣는다. 별 감흥이 없다.

다산 정약용은 우석이란 말을 쓴 적이 있다.
비를 품지 않은 돌처럼 타인의 은덕을 모르는 사람을 뜻하는 옛말이다.
온갖 것들이 유해하다. 담뱃갑에 붙은 그림들이 소주에도 붙어 있다면 어떨까 생각해본다.

반성의 시간들

고백하자면 강박증이 있었다. 20대 중반까지도 강박증이 있었다. 텔레비전을 끌 때는 꼭 11번으로 해놓고 꺼야 했고(그것도 10번에서 11번으로, 그러니까 아래에서 위로 올라와야 했다), 볼륨도 꼭 11로 맞춰야 했다. 룰이 너무 많았다. 학교 갈 때 건너는 첫 번째 횡단보도에서는 무조건 흰 페인트 위로 걸었고, 방 문고리를 왼쪽으로 2번 오른쪽으론 3번 다시 왼쪽으로 2번 오른쪽으로 한번 돌렸다. 터널을 지날 때면 무조건 숨을 참았고, 갑자기 길을 걷다 눈을 감아야 한다면 눈을 감고 내가 정한 걸음 수만큼을 걸어야 했다. 위험했던 적도 많았지만, 크게 다치거나 그랬던 적은 없다. 항상 지켜야 하는 것들이 몇 가지 있었고, 그 외의 대부분은 갑자기 생기는 것들이었다. 갑자기 어떤 단어를 열 번 말해야 한다면 속으로 그 단어를 열 번 말하는 식으로 말이다. 그 룰을 지키지 않으면 꿩

장히 답답하고 불안하고 큰일이 날 것만 같아서 어길 수가 없었다. 꼭 해야만 했다. 이런 행위들은 그때 생각하기에도 비정상적이었으므로 가급적 남들 모르게 은밀히 이뤄졌고, 심지어 가족에게조차 그를 알리지 않았다. 고등학교 때 잭 니콜슨이 나오는 영화 〈이보다 더 좋을 수 없다〉를 보면서 비누를 버리는 것만 빼고, 포크를 들고 다니는 것을 빼고는(그러니까 결벽증, 편집증 증세만 빼고) 모든 게 나와 똑같다고 생각했다. 그리고 그게 강박증이란 사실도 그때쯤 알게 됐다. 누구도 이 행위를 이해 못 할 게 뻔했기 때문에 아무에게도 말하지 않았다. 겉으로만 보면 나는 진짜 너무나 멀쩡했다. 강박증이 있긴 했지만 그렇게 심한 편은 아니었던 것 같다. 살면서 크게 문제 생겼던 적은 없었으니까. 그러니까 딱 한 번만 빼고.

스물 몇 살 때 만나던 친구가 있었다. 초등학교 동창이었는데 똑똑한 친구였다. 성인이 된 후 홍대에서 우연히 다시 만나 사귀게 되었다. 그 친구는 서울에서 가장 좋은 대학교에 다니고 있었다. 한 달 남짓 사귀었던 걸로 기억하는데 그 짧은 시간 동안 몇 번인가 흥겹게 술도 마셨고, 종로에 있는 극장도 가고, 공연을 보거나 커피를 마시며 꽤 많은 대화를 나누었다. 한마디로 대화가 통하는 친구였다.

문제의 사건이 일어났던 그 날. 마지막인 줄 몰랐던 마지막 그날, 그날은 내 생일이었다. 오후 내내 혼자 있었기에 그 친구를 만나자마자 아이처럼 굴었다. 레스토랑에 가서 식사 주문을 하고 기다리고 있는 도중, 나는 갑자기 '몽정'이라는 단어를 떠올렸다. 지금도 정확히 기억난다. 그 단어를 떠올린 것에 이유 같은 건 없었다. 그냥 '몽정'이란 단어가 떠올랐고, 그 단어를 그 친구를 통해 듣고 싶었던 거다. 아니, 들어야만 했다. 안 그러면 내가 너무 힘들 것 같았으니까.

지금 생각해보면 폭력적인 일이지만, 그때만 해도 나는 그냥 빨리 그 단어를 듣고 즐겁게 내 생일을 보내고 싶었다. 나는 이런 저런 힌트를 주었고 그 친구는 그 단어를 재빨리 알아챘지만, 절대 입 밖으로 그를 꺼내지 않았다. 말하기 싫다고 고집을 부렸다. 내가 이리 구슬리고 저리 구슬려봤지만, 그 친구는 끝까지 입을 다물고 있었다.

분위기는 갑자기 싸늘해졌다. 내가 강박증이 있는 걸 몰라서 그런 것이겠지만(어쩌면 알고서 고치고 싶어 했을지도 모르겠단 생각도 들었다), 아무튼 나는 그 단어를 알면서 말해주지 않는 그 친구에게 화가 났다. 타석에 들어서기 전이면 늘 반복하던(꼭 해야 하는) 자신만의 행위들을 못 하게 되자, 그 때문에 삼진을 당했다고 믿어버린 타자가 된 심경이었다. 화가 난 나머지 그녀가 생일선물로 준비한 CD도 내버리고 자리를 박차고 일어났다. 그게 끝이었다. 나는 그

바보 같은 강박증 때문에 그 친구와 그렇게 헤어졌다.

시간이 지나며 모든 걸 망친 건 다 내 탓이라는 생각이 들어, 나는 반성의 시간들을 보냈다. 그리고 조금은 매달렸다. 하지만 그 친구는 참 현명하게도 그 후로도 다신 나를 찾지 않았다. 나는 그간의 내 말과 행동들이 후회스러워졌다. 똑같은 실수를 반복하고 싶지 않았다. 나는 그때부터 강박증에서 벗어나려고 애쓰기 시작했다. 힘들었다. 불안하고 어려웠지만, 고치고 싶었으므로. 이를 악물고 참았다. 오랫동안 하던 것들을 끊는다는 건 쉽지 않은 일이었다. 강박증을 하나씩 하나씩 버리고 마음의 소리도 외면해버렸다.

그리고 그렇게 십 년이 지났다. 안부를 묻고 싶다.

불안하지만 나는 여전히 홍대에 남아서 희망을 엿보며 기타를 친다고.

너는 어떠니?

헛것

　헛것이 보인다. 눈을 비벼도 보인다. 잔영은 사라지지 않는다. 과거는 연기처럼 매캐하고 불투명하다. 나는 이것들에 패하고 싶지 않다. 그래서 머리가 아프다. 희망적인 얘기를 할 때도 자꾸 헛것이 보인다. 나는 자꾸 눈을 비빈다. 징역 간 폭력배처럼 난폭해지기 전에 이것들이 멈추길 바란다. 나는 미치지 않았다. 다만 알게 됐을 뿐. 바뀌지 않는 사실을 보았을 뿐이다.

　차라리 망상에 불과한 거라면 얼마나 좋을까. 이러다간 눈을 파버릴지도 모르겠다. 나쁜 것들은 뒤틀리며 자리를 잡는다. 물기 다 빠진 걸레는 빡빡해지고, 흐물거리던 것들은 북어처럼 딱딱해진다. 악취를 풍기며 악귀를 쫓아내겠지. 그러면 더 이상의 헛것은 없을 거야. 비밀번호를 바꾸고, 졸피뎀 한 움큼을 입속에 털고 내 튼튼한 어금니로 박살내고 싶다. 레고도 입속에 털어 넣고 씹어버리고 싶다. 내가 말한 걸 증명해 보이고 싶다. 오월엔 절대로 술을 마시지 않겠다.

약 먹을 시간

약 먹을 시간이 다가오면
전화기를 만지작거린다
이름들은 너무 가깝거나
아니면 너무 멀게 느껴진다
허락 없이 밤새 아픈 다음 날
그리고 그다음 날
아침 점심 저녁 아침 점심 저녁
아침 점심 저녁
서른은 매끼마다 외롭다

당연한 건 없다

이기적인 사람들은,
몇몇 것들을 마치 당연한 것처럼 이야기한다.
하지만 그 당연함은 모순이다.
사람과 사람 사이에는,
유기적인 신호체계가 존재한다.
파란불이 켜졌을 때 다른 쪽에는 빨간불이 켜져야 한다.
가는 것이 있을 때는 반드시 서는 것이 있어야
사고가 나지 않는다.
당연한 건 없다.

흑묘백묘

　이빨이 다 빠졌습니다. 그래서 치과에 가 틀니를 해야 하는데 그 느낌이 너무 아플 것 같아서 앞으로가 막막합니다.
　가지런하던 이가 다 빠졌습니다. 칫솔을 고르고, 치약을 고르고, 꼬박꼬박 양치질한 게 억울해져 신경질이 났습니다. 좀처럼 가만히 있기가 어려워 봉지 가득 과자를 사 왔습니다.
　허기진 병사처럼 벌컥벌컥 콜라를 들이켜고 다디단 초콜릿에 범벅된 채로 그냥 잤습니다. 자버렸습니다.
　그리곤 꿈을 꾸었습니다. 와그작 와그작 얼음을 수십 번 깨부쉈고, 탐욕의 사과도 성큼 베어 물었습니다. 쓸 줄도 모르는 한자로 '흑묘백묘'라 썼습니다. 담배를 씹어 피웠습니다. 그래도 여전히 아팠습니다. 입을 크게 벌리고 다물지 못했습니다. 울면서 손 잡으려 했지만 놓쳤습니다.

단풍이 떨어지듯이, 겨울비 내리듯이.
그렇게 후두둑 투욱 툭, 이가 다 빠졌습니다.

토니 타키타니

내가 좋아했던 것들은 어쩐지 *토니 타키타니의 아내와 닮은 구석이 있었다.

---

*『토니 타키타니』: 무라카미 하루키의 소설집 '렉싱턴의 유령' 수록작. 주인공 토니 타키타니의 아내 에이코는 옷을 보면 자제력을 잃곤 했다. 토니 타키타니는 아내에게 옷 사는 것을 자제하면 어떻겠냐고 말을 꺼냈고, 그녀는 쇼핑하러 가지 않고 집 안에만 틀어박혀 괴로운 시간을 보낸다. 그러고는 열흘 전에 산, 아직 입지 않은 코트와 원피스를 취소하러 구입했던 가게로 갔다가 돌아오는 도중 교통사고로 죽어버린다.

여기서 그대를 부르네

한국의 7, 8월 여름장마처럼 비가 많이 내립니다. 서울에 비할 바는 아니겠지만 날씨도 제법 쌀쌀해졌고요. 일기예보를 보니 어디를 가더라도 일주일 내내 비가 멈추지 않을 것이라고 하네요. 혹여나 하는 마음으로 아이폰 날씨 아이콘을 이곳저곳 아무리 눌러봐도 월화수목금토일 온통 비 표시입니다. 한낮임에도 밖은 어둑어둑하고 바람도 세게 불어서, 오늘은 책이나 읽어볼 요량으로 배낭 속에 자리 잡고 있던 책들을 꺼냈습니다. 책이 사람보다 낫다는 심정으로요.

소설책을 먼저 읽고 나서, 가져온 두 권의 시집을 마저 읽었습니다. 그중에 마종기 시인의 시집은 정말이지 감회가 남다르더군요. 짐이 되진 않을까 고민했었는데, 참 잘 가져왔다는 생각이 들었습니다. 읽으면 읽을수록 깊이를 더해간다고나 할까요? 이전에는 못 느꼈던 감정들이 천천히 읽을수록, 생각할수록, 글자 속에서 배어 나오는 느낌이었습니다. 어쩌면 시인의 삶이, 시인의 시가 먼 이국땅에서 고향을 그리는 마음으로 가득 차 있는걸 알고 있기 때문일지도 모르겠습니다. 제가 좋아하는 가수는 마종기 시인을 그렇게나 존경한다고 하더군요. 시인의 시집을 마르고 닳도록 읽었다고 합니다. 한국에 돌아가면 두 사람이 주고받은 편지들을 엮은 책을 사야겠습니다. 그리고 그대를 힘껏 끌어 안아줘야겠습니다. 그대는 제가 보고 싶은가요? 문득, 지금 이대로 여행을 끝마쳐도 좋겠다는 생각이 들었습니다. 또 여행의 끝자락에 와서야 그동안 곳곳을 누비며 열심히 찍었던 필름 속에 제 모습이 단 한 조각도 없다는 걸 알았습니다. 가끔 디지털카메라를 건네주며 사진을 찍어달라고 부탁한 경우도 채 열 번이 안 넘는다는 사실도요. 용기를 좀 더 많이 내어볼 걸 후회하고 있어요.

저를 좀 찍어주시겠어요? 비 내리는 날 호텔 침대에 누워 루시드 폴의 목소릴 들으며, 천천히 공들여서 시를 읽고 있는 저를요.

애니멀

83년생인 나는 태어나자마자 한 살이 됐으니까, 93년엔 11살이었다. 93년도 대전에선 엑스포가 있었고, 나는 인파라는 걸 처음 경험했다. 그 당시 부모의 손을 놓치는 아이들이 매일 수백 명은 되지 않았을까? 하지만 혹 잃어버릴까 그렇게 꼭 잡았던 그 손을 나는 몇 년 후에 완전히 놓쳐버렸다.

애들은 별것 아닌 것에도 시끌벅적 떠들어대지. 나 역시 그랬으니까.

73년생이 느꼈던 기분을 83년생이 느끼고 83년생이 느꼈던 기분을 93년생은 03년생에게 똑같이 느낄 테지. 아마 그럴 거야. 그래 왔으니까. 아주 오래전부터. 우리는 동물이었으니까.

평양냉면

평양냉면을 노래한 가수가 있다. 이북출신도 원로가수도 아니다. 대중적이지 않은 그는 후렴구에서 "평양냉면 먹고 싶네~"를 반복한다.

'300/30'이란 노래를 자꾸 듣다 보니, 이 평양냉면이란 걸 나도 어디 한번 먹어봐야겠단 생각이 들었다. 도대체 그게 뭐기에 자꾸 먹고 싶다고 노래하는 걸까? 궁금해서 '랭면' 좀 안다는 친구에게 전화를 걸었다.

"우래옥은 뭔가 깔끔하고 귀족적이고, 을밀대는 좀 진하고 서민적이야."

우래옥이 을밀대가 뭐가 뭔지도 모르면서 "을밀대 가자" 말했다. 난 서민적인 걸 좋아하니까. 참고로 을밀대가 집에서 더 가깝기도 했다(멀면 힘들다). 낯선 피맛골에 온 이방인처럼 조심스레 젓

가락질을 시작했다. 미지의 세계에 첫발을 들일 때는 늘 이런 쫄깃한 긴장감이 있다. 아, 기대된다. 어떤 맛일까?'

……..

기대를 저버리는 맛.
슴슴했다. 나는 이 맛을 뭐라고 표현해야 할지 몰랐다. 그냥 슴슴했다. '슴슴하다'는 심심하다의 북한식 말인데, 굳이 칭찬하자면 군더더기가 없는 맛이었다. 누구는 이걸 담백하다고 말하기도 하더라. 하지만 나는 표정에서 실망감을 감출 수 없었다. 맛에서 허전함이라는 것이 그대로 드러나고 있었으니까.

그런데 웬걸. 집에 돌아와 누웠는데 천장에 그 슴슴한 맛이 계속 떠오르는 게 아닌가? 처음 당구를 쳤을 때 칠판이 당구 다이로 보였던 것처럼. 아, 이건가? 지워지지 않는 슴슴함이 머릿속과 혓바닥에 계속 맴돌았다. 스음스음. 스음슴. 슴슴슴. 다음날. 땡땡이를 치고 당구장에 가는 기분으로 다시 을밀대를 찾아갔다. 역시나 슴슴했다. 과연 슴슴하고 슴슴했다. 나는 이 슴슴함의 정체를 알고 싶었다. 탐구 정신이 생겼달까(돌이켜보면 난 이미 이때부터 냉면의 종자가 된 게 아닌가 싶다)?

이제는 비가 와서 먹고 눈이 와서 먹고, 더워서 먹고 형이랑 먹는다. 동생이랑 먹었고 친구랑 먹었고 매니저랑 먹었고 혼자서 먹었다. 해장으로 먹었다. 아무튼 많이 먹었다. 짜장면과 라면을 합친 것보다 훨씬 많이 먹었다. 몇 년 먹다 보니 냉면값도 올랐고, 맛이 미묘하게 바뀌는 것도 알아차릴 수 있는 수준이 됐다. 주환아, 평양냉면 어디가 맛있어? 어느새 내가 친구들에게 전화를 받는 친구가 돼버린 것이다.

"을밀대는 서민적이고, 우래옥은 귀족적이야. 필동면옥은 을지면옥이랑 평양면옥이랑 같은 계열이고. 봉피양은, 정인면옥은, 강서면옥은."

'그렇지만 모두 슴슴해.'

이 슴슴한 맛에는 우리의 예상보다 훨씬 깊고 우아하고 품격이 있다. 어느덧 3절 벌스가 끝나고 사비가 흐른다.

"평양냉면 먹고 싶네~"

---

* 2013년 발표된 씨 없는 수박 김대중의 1집 앨범 [씨없는 수박]의 수록곡 300/30

민주네

닫힌 셔터에 붙어있는 작은 메모지를 한참이나 바라봤다.
"45년 만에 처음으로 사치스런 여행을 떠납니다."
이 한 줄이 잔영처럼 남아 머릿속에 맴돌고 있다.

내 방보다도 작은 민주네 떡볶이집.
그 속에서 계산할 수 없을 만큼 오랜 시간을 견뎌왔던 아주머니.
첫 휴가지는 장마와는 무관한 따뜻한 남쪽 나라였음 좋겠다.

다시 민주네

"휴가는 잘 다녀오셨어요? 오래 걸린 거 보니 어디 좋은 데 다녀오셨나 봐요."
"응, 그게… 사실은 수술을 했는데, 회복이 더뎌져서 예정보다 병원에 오래 있었어."

아주머니는 웃으며 말끝을 흐렸고, 나는
"아… 네……."
하고는 더 말문을 잇지 못했다.

슬픔의 완벽한 패배

구름 한 점 없는 평화로운 목요일입니다. 동생은 소파에 누워 최신 유행가를 흥얼거립니다.

"널 어쩌면 좋니~ 널 어쩌면 널 어쩌면 좋니~ 어머님이 누구니, 대체 널 어떻게 키우셨니~" 고양이도 이 광경이 희한한지 한참을 바라봅니다.

언젠가 햄버거집에서도 이와 비슷한 기분을 느낀 적이 있습니다.

- 하나의 거대한 패티

온통 스테인리스였던 버거킹의 인테리어가 바뀌었다. 웰빙을

강조하고 싶은 건 알겠는데, 마치 '청국장 초콜릿'처럼 도무지 어울리지가 않았다. 가게 안이 온통 짙은 갈색의 MDF 합판으로 마감되어 있는걸 보며, 이건 마치 하나의 거대한 패티 같다는 생각이 들었다.

- 노스페이스 군단

그러거나 말거나 나는 배가 엄청 고팠으므로 와퍼에 치즈를 한 장 추가해서 2층으로 갖고 올라갔다. 그런데 거기서 또다시 이질감을 느끼고 말았다. 왁자지껄한 노스페이스 군단이 이미 2층을 점령한 뒤였다. 그들은 오래 주둔한 미군처럼 행동했다. 나는 그들의 습성을 경험상 몇 가지 알고 있었다. 이를테면 콜라를 계속 리필 한다거나 무리 중 한 명 정도는 유독 다리를 심하게 떨었다. 하지만 가장 분명한 건, 그들이 금방은 떠나지 않으리라는 것이었다.
'아, 버티지 말고, 조금 더 일찍 올 걸……. 한발 늦었다.'

- 사람이었네

이제 곧 해가 뜬다. 까만 모자를 푹 눌러쓴 알바가 대걸레질을 한다. 조그만 테이블 사이사이를 쓰윽쓰윽 훔친다. '아마도 밤새워 일했겠지?' 파카를 입은 애들과 또래로 보이는 알바가 측은히 여겨져, 나는 나도 모르게 여러 가지 슬픈 생각을 하면서 그들을 바라보았다. 푹 눌러쓴 모자 아래로 알바의 입술을 보았는데, 순간 내 눈은 자동으로 줌인이 됐다. 아니 스피커에서 흘러나오는 걸 그룹의 노래를 똑같이 따라 부르는 게 아닌가? 터치 터치 베이베 베이베, 완벽한 싱크다. 정확한 입 모양이. 코의 그 흥얼거림이. 비트에 맞춰 그루브를 타는 걸레질이… 알바는 티 나지 않게 노래를 부르고 몸을 움직이고 있었다. 댄스. 댄스. 댄스. 사실 내 머릿속에선 루시드 폴 같은 게 흐르고 있었는데……. 아. 슬픔의 완벽한 패배다.

그로부터 몇 년이 지났지만, 나는 '내게는 동생이 흥얼거릴만한 노래 한 곡 없구나.' 그런 생각을 일 초쯤 했습니다. 생각은 점점 날씨를 닮아가고, 어쨌거나 오늘은 참 평화로운 오후입니다.

순환선의 풍경

"면봉 네 봉지에 천 원, 두 봉지 오백 원"

잘 알아들을 수 없는 그 호객의 말 속에서 이 말만은 뚜렷이 들립니다. 나는 지하철에서 이렇게 물건 파는 사람들을 만나면 생각해요. 별 쓸데가 없을 것 같긴 한데, 살까 말까. 집에 많이 있는데, 또 살까 말까? 그러다가 그분이 지나가고 나서야 생각합니다. 내가 다른 곳에서 천 원을 쓸 때 이렇게 고민을 오래 했던가? 왜 이 순간에만 침착하고 냉정해지는 거지?

한때 지하철에서 천 원짜리 고무장갑 파는 아저씨는요, 그게 얼마나 질긴지 보여 주시려고, 손잡이 봉에 고무장갑을 걸고 대롱대롱 매달려 보이기도 하셨습니다. 그렇게 매일 몇 번이나 매달리

셨을까요?

'파리의 지하철에는 예술가들이 있고, 한국 지하철에는 예술가를 능가하는 상인들이 있다.'

어떤 여행가가 했던 말이 가슴에 와 닿습니다.

기질에 반하고 싶다

금연에 실패한 친구가 있다. 일 년 넘게 담배를 끊긴 했지만, 나는 전부터 친구의 실패를 장담해왔다.

"조만간 더 피게 될 거야."

나는 매번 금연에 실패했다. 살면서 몇 차례 금연을 시도했었고,

얼핏 성공인 듯해도 결국엔 실패로 끝나고 말았다.

그때마다 몸은 항암제를 견딘 암세포 마냥 더 많은 담배를 요구했고

나는 전보다 더 자주 담배를 피워댔다. 뻑뻑. 몸이라는 게 그렇게 신기했다.

그동안 참은 개비를 보상받으려는 듯했다.

담배가 꼭 필요할 때도 있지만 사실 대부분은 그냥 핀다.

다리가 아프면 앉아서 쉬듯, 시간이 되면 그냥 피는 거다.

뻑뻑. 그렇게 헤비 스모커가 되어 두 갑씩 지니고 있지 않으면 불안한 지경에 이르렀을 때

몸속에 연기가 돌아다니는 기분이 들었다. 찬물을 들이켜도 쉽사리 사라지지 않는 숙취처럼

언제나 몸속에 뿌연 연기가 돌고 있는 개운치 못한 기분. 많은 것들이 뻑뻑했다.

약을 챙기는 몸. 건강치 못한 마음. 나아질 것 없는 일. 나쁜 피. 사는 건 금연과 비슷했다.

기본적으로 실패할 가능성이 훨씬 크고 실패 뒤에 덧붙는 대가를 피할 수 없었다.

긍정적인 마음가짐이 금연처럼 고꾸라질 때면, 더욱 큰 부정에 휘둘려 거기서 헤어 나오기 힘들어졌다.

그렇게 나는 갈수록 부정적인 인간이 돼가고 있었다.

더 이상 긍정을 품지 않는 것만이 더 커지는 부정에서 나를 지키는 유일한 방법이었다.

하아. 이 좆같은 부정이 정말로 내 몸속에서 흐르고 있다면 나는 손목을 그어서라도 그것을 다른 곳으로 흘려보내고 싶은 것이다. 기질에 반하고 싶다.

탁심

　몇 년 전 이스탄불에 간 적이 있었다. 그때까지만 해도 터키의 수도가 이스탄불인 줄 알았는데 아니었다. 수도는 앙카라였다. 터키를 유럽이라고 하는 사람도 유럽이라 말하긴 좀 그렇다는 사람도 있다. 지리적으로 유럽과 아시아를 반씩 품고 있어 유라시아라고 부르기도 하지만, 확실히 아시아는 아니었다. 사람들도 달랐고, 먹는 음식도 건물 모양도 서울과 비슷한 점이 하나도 없었다. 형제의 나라라고 들었는데 내가 볼 땐 사람 많은 것만 비슷했다.

　내가 터키에 대해서 아는 건 케밥과 한 번에 안 주는 아이스크림(돈두르마), 이을용이 뛰었던 팀 트라브존스포르와 귀네쉬 감독, 오르한 파묵과 이스탄불의 옛 이름인 콘스탄티노플 정도였다. 그곳에 탁심이라는 곳이 있다. 내가 말하고 싶은 곳을 좀 더 정확히 말하자면 이스티클랄이라는 이름의 거리다. 이스티클랄… 발음하기 어려운 이 거리를 나는 그냥 탁심이라고 하겠다. 탁심엔 사람이 무진장 많았다. 무슨 날도 아닌데 사람이 하도 많아서 검색해 봤더니 주말에는 하루에 약 3백만 명 이상이 방문한다고 한다. 그 정도는 아닌 것 같았지만 2002년 월드컵 때 시청 앞 광장을 떠올리게 할 정도로 사람이 많았다. 어쨌든 유럽이 처음이었던 나는 유럽식으로 보이는 고풍스러운 건물들과 오스만 제국의 영광이 남아있는 이스탄불에 매료되어, 일주일 동안 거리의 구석구석을 돌아다녔다. 상점 안의 이국적인 볼거리와 끊임없이 흘러나오는 아라비안 스타일의 소리들, 관광객들의 술렁거림으로 거리는 활력이 넘쳤다.

밤이 되자 식사를 하러 나온 사람들과 거리 음악가들로 거리는 더 북적였다. 내가 있는 기간은 마침 라마단 기간이었다. 낮 동안에 텅 비어있던 뒷골목의 레스토랑들까지 순식간에 배고픈 사람들로 채워졌다. 거리 양쪽으로 10~20미터 간격마다 거리음악가들이 버스킹을 하고 있었고, 길 한가운데는 한 칸 혹은 두 칸짜리 트램이 오가며 관광객들을 실어 나르고 있었다. 그 빨간색 트램 안에서도 밴드가 연주하고 있었다. 탁심 광장에서부터 시작하는 길이 2km 폭 30m 정도 되는 이스티클랄 이라는 이름의 거대한 거리는, 뭐랄까, 우리나라로 치면 명동과 강남역과 이태원과 홍대를 모두 합쳐놓은 것 같았다. 음악을 하는지라 아무래도 버스커들에게 시선이 갔다. 가만 보니 국적도, 나이도 성별도 악기도 다양했고, 사즈나 카눈, 다르부카처럼 생소한 악기도 있었다. 대부분은 생계를 이어가기 위한 버스커들처럼 보였다. 그중에서 유독 튀는 친구들이 있었다. 눈이 초롱초롱 빛났고 에너지가 넘쳤는데, 물어보니 이란에서 온 친구들이었다. 이란에는 제약이 많아서 음악적 자유를 찾아서 국경을 넘어와 매일 이곳에서 노래를 부른다고 했다. 온 지 두 달 정도 됐다고 한 그들은 연주할 때 진짜 즐거워 보였다. 국경을 넘어와 이스탄불에서 노래를 부르는 이란 청년들. 이란의 분위기가 감히 상상되지도 않았다. 그날 밤 우리는 밤새도록 노래를 불렀다.

하루는 보스포루스 해협을 오가며 주요 관광명소를 보여주는 크루즈를 탔다. 거기서 한 여자를 알게 됐다. 그녀의 이름은 파토스 투르쿠트. 그녀는 배 위에서 춤을 추고 있었다. 이스탄불의 한 대학교에서 무용을 전공하는 그녀는 아르바이트로 이 일을 하고 있다고 했다. 갑판 위에선 공연인지 파티인지 모를 시간들이 이어졌다. 선상 위의 디스코텍 같은 느낌이었다. 한강에서 유람선을 타도 서울이 이렇게 아름다울까? 배를 타기 전까진 반신반의했으나 보스포루스 해협에서 바라본 이스탄불의 불빛들은 정말로 아름다왔다. 사진을 찍고 와인을 마시고, 모두들 즐거운 시간을 보내고 있을 때 마지막 곡으로 퍼렐 윌리암스의 해피가 흘러나왔다. 좀 뻔했지만 아름다움을 보러 온 사람들에게 무리 없는 곡이었다. 익숙한 노래가 나오자 사람들은 웃으며 춤을 췄다. 모두 행복해 보였다. 해피 덕분일까? 그녀의 호기심 덕분일까? 어쩌다 보니 그녀와 친해지게 됐고, 배에서 내린 우리는 탁심의 유명하다는 클럽들을 도장 깨기 하듯 격파했다. 춤을 진짜 좋아하는 친구였고(심지어 잘 추는 친구였고), 활달한 성격의 그녀 덕분에 나도 덩달아 신이 났다. 혼자일 때와는 사뭇 다른 기분이었다. 같은 공간도 함께 하는 사람이 누구냐에 따라 전혀 다른 공간이 된다.

사실 그녀는 쿠르드 인이었다. 나는 터키 사람이랑 쿠르드 사람을 구별할 수 없을뿐더러 아무 상관도 없었지만, 그녀는 자신을 쿠르드 인임을 고백하듯 조심스레 말했다. 터키에 사는 쿠르드 인. 뉴스를 통해 쿠르드 족 분리 독립. 그 정도만 알고 있었는데, 그 친구를 통해 자세히 듣게 되었다. 요약하자면.

1/ 터키 내에 쿠르드 인이 2000만 명 정도 있다
(상당히 많음에 놀랐다).
2/ 독립을 원하지만, 터키 정부에서 힘이 약해져서 인정을

안 한다.

3/ 각지에 퍼져있는 쿠르드 인들은(엄밀히 말해 반군들은) 각자의 이해관계 속에서 내분과 분열을 계속하면서도 독립을 꾀하고 있다.

4/ 터키 정부는 쿠르드 인에 대한 대우를 많이 개선시켜주고 있다. 하지만 또 터키인들은 그게 또 불만이다.

뭐 이런 이야기들이었다. '여기까지 와서 이런 이야기를 들어야 하나.' 싶었지만 그래도 이런 이야기 듣는 걸 싫어하지 않아서 고개를 끄덕이며 열심히 들었다.

다른 방식으로 진행되는 삶이 있다. 홍차를 마시는 삶. 라마단이 있는 삶. 이를테면 내가 전혀 모르는 향신료들로 요리한 음식들을 먹고, 금식을 하고, 쿠르드 인과 터키 인처럼 리라와 유로를 함께 쓰는 삶. 그런 사람이 수백만 명이 넘게 있는 도시. 교회와 이슬람사원이 공존하는 곳. 내가 모르던 삶을, 실제 하는 그 낯섦을 직접 본다는 것. 국경을 넘어온 이란 친구들과 함께 노래를 부르고, 낯선 쿠르드 여인과 함께 춤추던 이방인은 다시 서울로 돌아왔다. 그리고 자신의 방식으로 시간을 보냈다. 그 후로 다시 이스탄불을 가보진 못했다.

하지만 가끔 터키에 관련된 뉴스를 듣거나 퍼렐 윌리암스의 해피를 들을 때면, 보스포루스 해협 위에서 보았던 이스탄불의 풍경이 떠오른다. 닮은 게 하나 없던 형제의 나라의 풍경이.

삐에르 가르뎅

삐에르 가르뎅 캐리어가 있다. 10년 전쯤 형이 중고로 산 캐리어인데 버린다는 걸 그러지 말고 나 달라고 해서 내가 갖게 되었다. 가방 무게만 3kg 정도 되는 아주 비효율적인 캐리어다. 홈쇼핑에서 판매하는 신소재로 만든 캐리어와는 철학 자체가 다른 가방이다. 뭐랄까, 약간 군용 지프 같은 느낌이다. 충격흡수 같은 게 없다. 튼튼한 철 같은 소재라서 절대 찌그러지지 않는데(상대방이 다치면 다쳤지 자신이 다치진 않는다) 나는 이점이 상당히 마음에 들었다. 마치 남에게 엿을 먹이고도 전혀 반성하지 않는 사람처럼 느껴져서 좋았다. 요즘 웬만한 캐리어들은 바퀴가 4개라서 수평으로 끌고 가는데, 이 캐리어는 바퀴가 두 개밖에 없어서 45로 약간 기울어서 끌고 가야 한다.

한번은 이 삐에르 가르뎅과 태국에 간 적이 있었다. 잘 알다시피 태국은 배낭여행의 성지 같은 곳이라서 호텔에서 묵는 관광객을 제외하곤 대부분 배낭을 멘 서양 친구들이다. 카오산 로드에 가면 남자든 여자든 모두 자기 몸통만 한 배낭을 메고 돌아다닌다. 그 무리 속에 섞여 나만 혼자 캐리어를 질질 끌면서 이동했다. 남쪽으로 가는 고속버스를 타고, 북쪽으로 가는 기차를 탔다. 태국은 남북으로 긴 나라라서 내가 가는 끄라비나, 치앙마이, 빠이까지 가는 데 기본적으로 10시간 이상 걸렸다. 중간에 뭔가를 꺼내기도 힘들고, 정말 최악의 실용성을 몸소 체험했다. 울퉁불퉁한 비포장도로와 계단을 오르내릴 때마다 나는 생각했다. '아, 정말 불편하다.', '돌아가자마자 캐리어 사야지.' 그런데 왜 나는 아직 이걸 버리지 못하는 걸까?

그건 아마 내가 버리지 못하는 사람이라서 그런 걸 거다. 나는 잘 버리지 못한다. 세상에 내 것은 없지만, 그래도 뭔가 한 번 내 것이라고 생각되면 그걸 끝까지 가지고 가려는 성향이 있다. 잘 버리지 못하고, 잘 팔지도 못한다. 그런 내가 한 번은 잡다한 것들이 너무 넘쳐나서 결심을 한 적도 있다. '1년 넘게 안 썼던 것들은 어차피 안 쓰는 것들이다.', '있는지도 몰랐던 거니까. 이건 없는 거다.', '그냥 다 버리자.' 뭐 이런 마음으로 대청소할 때 싹 다 내다 버린 적이 있었다. 그러고 나서 좀 후련해졌다. 리셋 된 기분이었다. 그런데 뭔가 손으로 만져지는 기억들이 포맷된 기분이 들었다. "비워야 채워진다."라는 말처럼 비우기는 했는데 솔직히 채워진 건진 잘 모르겠다. 새로 고침이 모두에게 좋은 건 아닌 것 같았다.

가방을 이렇게 손으로 만지고 있으면 미국이며, 멕시코며, 일본이며 여기저기 돌아다닌 기억이 떠오른다. 그러면 자연스레 아버지 생각도 난다. 삐에르와 아버지는 매우 닮았다. 고집스럽고, 고집스럽고, 고집스러운 아버지. 효율성과는 정반대의 삶을 사신 아버지, 엄마를 힘들게 하고도 전혀 반성하지 않으셨던 아버지. 거칠고 투박한 내 오래된 캐리어 같은 아버지. 두 개밖에 없는 바퀴로 무거운 삶을 견뎌내신 아버지. 삐에르는 수많은 여행에서 보잘 것없는 내 짐들을 항상 잘 품어줬다. 튼튼하게 자신을 지키며 찌그러지지 않았다. 아버지 역시 그러셨다. 쉽게 찌그러지지 않는 사람이 되고 싶다. 어설픈 배려는 끝까지 하고 싶지 않다. 물론 불편함은 감수해야겠지.

기묘한 밤

 실수에서 비롯된 일이었다. 길을 헤맸던 적은 지금껏 단 한 번도 없었다. 하지만 그날은 이상하게도 누군가의 장난에 걸린 듯, 계속해서 헤맸다. 이상한 나라의 앨리스처럼 처음 보는 문들이 내 앞에 놓여 있었고, 문을 열어도 막혀 있거나, 막다른 길이거나, 아니면 전혀 엉뚱한 곳이었다. 예상했던 그림과는 전혀 다른 결과에 나는 좀 당혹스러웠다. 치매에 걸린 노인처럼 방향감각을 완전히 상실해 버린 나는, 귀신에 홀린 듯 가본 적 없는 곳으로 계속해서 끌려가듯 이동했다. 정말 단 한 명의 불운한 제비뽑기 당첨자가 된 기분이었다. 뭔가 잘못됐음을 느꼈지만, 경험상 이런 것쯤은 언제든지 받아들일 준비가 되어 있었다. 실수 역시 반복되자 이건 더 이상 실수가 아니라 피할 수 없는 숙명인 건가, 그렇게 여겨졌다. 잘 안다고 생각했던 곳인데, 사실 부분만 알고 있을 뿐이었다. 그곳을 조금만 벗어나자 이내 생경한 기분에 휩싸였다. 차라리 낯섦이 신선하게 다가오도록 모든 걸 여행자의 심정으로 바라보자는 생각에 이르렀다. 당혹스러움을 최대한 감추고, 그 낯선 길 위에서 스스로를 객관적으로 바라봤다. 안 보이는 것. 위험한 것. 불안한 것, 술에 취해 비틀거리는 뒷모습 같은 것들. 자포자기의 심정으로 먼 길을 돌아와야 했다. 그리고 그날 밤 이후로 삶의 방향이 조금 틀어졌다. 나는 그 미로를 빠져나오기 위해 걸음을 재촉했다. 겨울이라 그런지 공원에 사람이 단 한 명도 없었다. 오기가 발동했는지, 소리를 지르며 그 공원을 가로질렀다. 참으로 기묘한 밤이었다.

내 옆에 있는 사람

　할 일이 많았다. 후회하지 않으려면 8월 안에 반드시 끝내야 할 일들이었다. 하지만 나는 결국 밖으로 나가고 말았다. K가 원했기 때문이다. K의 아버지는 며칠 전 암으로 돌아가셨다. 가진 돈을 전부 털어 부조를 했고, 뭐라도 도울 일이 없을까 싶어 장례식장에서 3일을 보냈다. 위로가 됐을지는 모르겠지만, 없는 것보단 그래도 내가 옆에 있는 게 아마 조금은 낫지 않았을까 하는 마음에서였다. 장례식장을 찾는 이들은 별로 없었다. 그래서 더욱 마음이 안 좋았다. 죽은 이를 애도하기보단 산 사람을 위로하고 싶었다. 장례식장에 있는 동안 내가 접했던 몇 번의 죽음을 떠올렸다. 죽음에 관한 제일 오래된 기억은 첫째 큰아버지이고, 그다음은 작은아버지와 셋째 큰아버지다. 큰아버지 둘은 50대셨고, 작은아버지는 죽기에 이른 나이인 40대셨다. 모두 암으로 돌아가셨다. 또 다른 죽음들은 자살이었다. 맨 처음 접했던 자살은 친구의 아버지였다. 경제적인 이유로 베란다에서 뛰어내리셨다. 그다음은 친구의 형이 아파트 옥상에서 뛰어내렸다. 친구 태준이는 어느 날 갑자기 방에서 목을 매고 죽어버렸다.

그전까지 죽음이 내게 멀고 낯선 일이었다면, 그 일 이후로 죽음은 가깝고 언제라도 찾아올 수 있는 일 된 것 같았다. 그리고 마지막으로 2년 전쯤, 공연 기획자였던 형이 한강 다리 위에서 투신했다. 나는 너무 많은 사람이 자살하는 게 아닌가 하는 생각을 지울 수 없었다. 위대한 뮤지션도 정치가도 기업가도 모두 죽는다. 남아있는 이들이 그 죽음을 껴안은 채 살아간다.

"어디 좀 갈까?"

나는 서울시립미술관과 국립중앙박물관 둘 중에 한군데를 가려 했다.

"류이치 사카모토 전시 보고 싶어."

두말없이 핸들을 돌렸다. 사실 요즘 많이들 그곳에 가는 것 같아서, 그 전시는 리스트에서 밀려나 있었다. 남산 아래 위치한

피크닉이란 이름의 전시관은 마치 요새처럼 접근하기 힘든 곳에 있었다. 발렛 파킹을 하고 티켓 2장을 끊었다.

세 개의 커다란 유리창이 눈에 들어왔다. 창마다 어린 시절의 류이치 사카모토, 젊은 시절의 류이치 사카모토, 그리고 지금 현재 류이치 사카모토의 피아노 치는 모습이 붙어 있었고, LIFE 라는 글자가 새겨져 있었다. 건물 외부가 붉은 벽돌로 지어진 오래된 건물이었지만, 내부는 화이트 톤으로 리모델링되어 모던한 느낌을 주고 있었다. 특히 통유리로 안이 훤히 비치는 1층 카페는 화단이 잘 정돈돼 있었는데, 언젠가 갔었던(깔끔한 인상을 주었던) 다이칸야마에 온 것 같은 느낌도 들었다. 다행히 사람은 별로 없었고, 우리는 2시간 정도 천천히 구경을 했다. 그리고 어스름해질 때쯤 밖으로 나왔다.

"소리 참 좋네."

"죽기 전에 부끄럽지 않은 결과물들을 좀 더 만들어내고 싶다."

류이치 사카모토가 내뱉은 말이 머리에 남았다.

"어땠어?"

담배에 불을 붙이며 물었다.

"응. 요즘 사람들이 여기 많이 오는 거 같더라고. 그래서 한번 와보고 싶었어. 그냥 빨리 일상 속으로 들어가고 싶었나봐. 왜 그런 거 있잖아, 사람 많은 데 있으면 안전해지는 것만 같은 기분."

"안전해지는 것 같은 기분?"

"응. 사람들 속에 섞이고 싶은 기분. 나는 너처럼 살지 않아서, 뭐랄까 개성이 좀 없어서. 불안함을 잘 못 견뎌. 내가 눈치를 좀 잘 봐."

"눈치를 본다라……."

나는 말끝을 흐렸다. 왜냐면 나는 정말이지 눈치를 안 보며 살았기 때문이다. 언제나 나 하고 싶은 대로, 제멋대로 살아온 편이었다. K는 덧붙여 말했다.

4장

"무리하지 않으면, 잘못되진 않으니까."

그동안 나는 쉽게 안 되는 일을 해내는 것이야말로 진정한 일이라고 생각했다. 어느 부분에선 그렇게 항상 무리해가며 일을 진행했다. 일종의 성취감이랄까, 그런 게 느껴지는 일들이 아니면 도무지 흥미가 생기질 않았다. 무리하지 않는 일들은 대개는 돈 때문에 하는 일이었다. 순전히 운이겠지만, 나에겐 병든 가족이나 갚아야 할 대출금 같은 것도 없었기 때문에 그렇게 살 수 있었다. 그것도 복이었다. 가족과 관련된 일들은 친형이 대신해주었다. 세상은 방패막이가 되어 튀지 않고 묵묵히 효도하는 사람들 때문에 돌아간다. 나처럼 이기적이고 자기중심적인 인간이 죄책감을 느끼지 않도록 신경 써 주는 사람.

아마 당신의 가족 중에도 분명 한 명쯤 있을 거다. 꾸준히 계속하는 사람. 무리하지 않는 사람. 잘 부러지지 않는 사람. 이 사람들 없인 아무것도 되지 않는다. 말만 번지르르하게 하고 정작 일이 생겼을 때 회피하거나 외면하는 인간보다는 책임지려는 자세를 가진 사람이 훨씬 훌륭한 사람이다. 내가 눈치를 보지 않는다면 누군가 반드시 내 눈치를 본다. 그게 세상의 이치다. 그리고 눈치를 보는 사람은 마음이 어딘가 눌려 있다는 사실도 뒤늦게 알게 됐다.

죽음의 아픔과 슬픔이 우리에게 존재한다면, 삶의 기쁨과 행복도 어딘가에 존재한다. 울었던 만큼 웃을 수 있고 잊힌 만큼 기억할 것들이 생기기 마련이다. 밸런스. 남아있는 사람. 그러니까 살아서 움직이는 사람들을 신경 쓰는 사람. 자신의 몫이 아닌 그 몫까지 받아들이는 사람. 돈을 쓰는 사람. 불편함을 참는 사람. 나와는 다른 사람. 바로 내 옆에 있는 사람.

앨범을 낼 때 마다

얼마 전 봤던 전시에서 이런 문구가 제 눈에 들어왔습니다. "니 새끼 니나 이쁘지" 이마를 탁 하고 쳤습니다. 하루에도 수많은 음반이 여기저기서 쏟아지는데, 새 앨범 나온다고 혼자 유난떤 건 아닌지 싶었습니다. 음반 내는 게 처음이 아닌지라 헛된 기대 같은 건 품지 않는 게 좋다는 걸 알고 있습니다. 하루만 지나면 이런 저런 음반들에 밀리고 밀려 사람들의 뇌리에서 금방 잊혀 질 거란 것 역시 잘 알고 있습니다. 그렇다고 음악이 주는 기쁨들까지 전부 내다 버린 건 아닙니다.

앨범 작업을 하며 만든 노래들을 참 많이 들었습니다. 한 천 번쯤 들었을까요. 솔직히 하도 많이 들어서 이제 처음 느꼈던 신선함 같은 건 다 사라지고 없어졌습니다. 돌이켜보면 항상 그랬던 거 같습니다. 처음에는 백번이고 이백 번 이고 반복해 들으며 이게 정말 우리 노래가 맞나 싶을 정도로 좋다가도, 시간이 지나면 슬슬 고칠 곳이 보이기 시작하고, 노래에 별다른 감흥을 못 느끼게 되곤 했습니다. 만약 여러분들이 어떤 노래를 흥얼거리고 있다면, 그걸 부르는 가수들은 아마도 그 노래를 지겨워하고 있을 가능성이 매우 높습니다.

그래도 새 앨범이 나온다니 조금은 흥분됩니다. 내가 알지 못하는 곳에서 이름 모를 누군가가 이 노래를 들을 거라 생각하면 납작해진 마음이 부풀어 오르는 것만 같습니다. 아마도 그게 음악을 계속 하게 만드는 원동력일지도 모르겠습니다. 저는 어릴 때부터 음악을 듣는 게 너무 좋았습니다. 그래서 많이 들었습니다. 이것도 듣고, 저것도 듣고, 누구에게도 지지 않을 만큼 들었습니다. 듣다 보니 하고 싶어졌고, 그러다 보니 어느새 음악 하는 사람이 되어 있었습니다. 모두 똑같은 심정이겠지만, 저 역시 음악을 잘하고 싶었습니다. 돈을 벌고 싶다는 생각보다는 음악을 잘하고 싶은 욕심이 훨씬 컸습니다. 따지고 보면 노력보다는 언제나 열정이 앞섰던 것 같기도 합니다. 더 이상 열정만으로는 힘든 시기에 제 옆에는 멤버들이 있었습니다. 함께한 멤버들에게 고맙다고, 정말로 수고했다고 말하고 싶습니다.

앨범을 만드는 과정을 간략히 설명하자면 이렇습니다. 곡작업-가녹음-녹음-가믹스-믹스-믹스수정의 무한루틴입니다. 여기까지만 하면 좋으련만 절대 그렇지가 않습니다. 마스터가 도착하면 씨디를 찍어야 하고, 그 다음엔 커버 아트웍을 해야합니다. 그러면 또 미팅. 쥬얼로 갈지 디지팩으로 할지 두들겨도 빤한 계산기를 또 두드려 봅니다. 음원 및 음반 유통을 하려면 유통사와 발매일정을 조율해야하고, 그러면 또 미팅. 뮤직 비디오 심의 받고, 저작권 등록하고, 인지 붙이고, 티셔츠 스티커등 굿즈 만들고, 쇼케이스 할 공연장 섭외하고, 합주실 예약 한 다음 합주도 해야하고요.

잘한다고 했지만 내가 아는 모든 A&R 들에게 더 잘해줄걸 하는 생각이 절로 듭니다. 많은걸 쏟아붓고 있습니다. 이러한 노력들이 적절한 보상으로 돌아왔으면 좋겠습니다. 올림픽에 출전한 국가 대표 선수가 이런말을 했습니다. "나보다 땀 더 많이 흘렸으면 금메달 가져가라." 정말 노력한 만큼만 잘됐음 좋겠습니다.

음악은 소리 없는 흑백의 배경들에 모든 색깔을 입혀 줍니다. 삶을 좀 더 활력 있고, 생생하게 만들어줍니다. 이 앨범이 저의 기쁨만이 아닌, 되도록 많은 사람의 기쁨이 된다면 더할 나위 없이 좋겠습니다. 가끔 이런 상상을 합니다. 모든 곳에서 음악이 흘러나옵니다. 출퇴근길에, 등하굣길에, 식당과 가게에서 노래가 흘러나옵니다. 바에서 술을 마실 때도, 드라이브를 할 때도 사람들은 음악을 찾습니다. 그렇게 음악은 즐거운 배경이 되기도, 나만 아는 비밀이 되기도 합니다. 사람들이 우리의 음악을 듣습니다.

*클럽 빵

한가로운 일요일 저녁에 별 기대없이 (하지만 언제나 약간의 기대감을 가지고) 빵에 들어간다. 사람이 별로 없는 한산한 빵에서 맥주를 마시며 가만히 노래를 듣는 게 소소한 취미라면 취미이다. 오늘은 성진영이란 뮤지션을 처음 봤다. 빵에는 언제나 이렇게 괜찮은 뮤지션이 괜찮은 노래를 부르고 있었구나. 그런데 요즘 홍대에 라이브클럽이 하나둘 사라지고 있다. 여러가지 이유가 있겠지만 어쨌든 보통 사람들은 잘 모른다. 어쩌면 알면서 모른척 하는 걸 수도 있겠다. 나는 빵이 사라져 버릴까 봐 마음이 조마조마하다. 나는 빵에서 음악생활을 시작했고, 여기서 공연하려고 집도 빵 근

---

*클럽 빵. 홍대에 위치한 라이브 클럽 (since1994) 매주 수요일부터 일요일까지 저녁에 다양한 뮤지션과 밴드가 공연한다. 모던록과 포크를 기반으로 수 많은 인디 뮤지션을 배출한 요람 같은 곳.

처로 이사왔다. 예전에 사람들에게 주로 주말에 빵에서 노래한다고 했을 때 이쪽 잘 모르는 지인은 자기는 자꾸 빵이라 그래서 교도소인줄 알았다고, 거기서 봉사활동 같은거 하는 지 알았다고. 농담이 아니라 실제로 있었던 일이다.

작가의 말

살면서 음악을 많이 들었다. 많이 듣다 보니 하고 싶어졌고, 그렇게 음악을 하지 않으면 안 될 지경에 이르렀다. 염치없지만, 그래도 어디 가서 '음악 좀 들었지요.'라고 말할 정도는 된다고 생각한다. 아무튼 나란 인간의 삶에는 음악이 있다. 이건 국적처럼 반박할 수 없는, 너무나 분명한 사실이다.

또 뭐가 있을까? 옷 장사를 했고, 술을 많이 마셨고, 늦도록 잠을 잤고, 플레이 스테이션을 했고, 애들이랑 놀았다. 많이 놀았다. 특별히 하는 일도 없어서 시간이 많았고 그 많은 시간에 혼자 영화도 보고 여기저기 쏘다녔다. 돈은 별로 없었다. 사실 돈 버는 일엔별 관심이 없었다. 적게 벌어서 적게 쓰는 삶이었다. 운이 좋아서인지 그래도 살만했고 그렇게 서른을 넘겼다. 서른이 되던 해 첫 번째 앨범을 냈고, 이런저런 팀 활동을 하며 지금까지 8

장의 앨범을 발표했다. 그래도 음악으로 돈을 벌진 못했다.

이랬던 시간이 있었다. 계속 뭔가가 반복되는. 사실 잘 안됐다. 나는 잘하지 못했다. 그래도 해야 했으므로 근성을 가지고 따라 했다. 비가 오는 날이면 마음이 꽤나 눅눅했다. 여전히 일은 많고 돈은 없다. 어째서일까. 나는 어제 '너는 모든 걸 쏟아붓는 타입의 인간', '남기질 않기 때문에 남는 게 없는 거야.', '너는 항상 가진 것 안에서 해결하려는 성향이 있다.' 등의 말들을 가까운 사람들에게 들었다. 그리고 날씨가 아주 맑았던 오늘 오후, 명동 한복판에서 시간이 멈춘 것 같은 느낌을 받았는데, 그 잠깐의 고요함 속에서 한 문장이 떠올랐다. 마음속에 늘 가지고 있던 한 문장. 그 문장을 중얼거리며, 그 문장이 내게 주는 베이스를 느꼈다.

'눌린 마음이 펴지질 않는다.'

대답하지 않는 무언가를 돌보는 일은 여간 힘든 일이 아니다. 그러나 대답하지 않는 무언가에 끊임없이 안부를 물어야 하는 것이 삶의 지난한 과정인지도 모르겠다. 마음이 눌리는 날이면 글을 썼다. 그러면 조금은 괜찮아졌다. 책은 공익근무요원을 하던 시절부터 읽기 시작했는데 그땐 시간이 정말 많았고, 지금 돌이켜 봐도 기특하다 싶을 정도로 꾸준히 읽었던 것 같다.

    책을 내야겠다는 생각을 가져본 적은 맹세컨대 단 한 번도 없었다. 출판계약을 맺고, 내가 책을 내는 것이 과연 옳은 일인지를 진지하게 고민한 적이 있었다. 사실 지금도 그 질문에 답을 못 내린 상태다. 왜냐하면 살면서 음악만큼 책을 많이 읽지 못했고, 글도 많이 쓰지 못했기 때문이다. 그래서 사실 난 이 모든 게 여전히 매우 부끄럽다. 실패를 통해서 성장하는 것이라면, 이 분야에서 나는 아직 어린애에 불과하고 어쩌면 영원히 어린애에 머무르게 될지도 모를 일이다. 책을 위해 쓴 지 십 년도 더 된 오래된 글부터 최근의 일들까지, 하나둘 끌어 모았다. 눌린 마음을 펴기 위해 썼던 처방전 같은 글들이 세상에 나오게 됐다. 어쩌면 이 글들은 골몰하나 의미 없던 청춘의 세밀한 마음인데, 이렇게 게으르고 개인적인 글을 책으로 엮어주신 출판사 관계자분들께 고맙다는 말을 전한다. 끝으로 여기까지 읽어주신 독자 여러분께도 깊은 감사의 마음을 전한다.

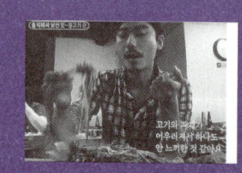

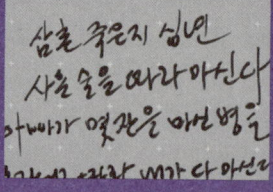

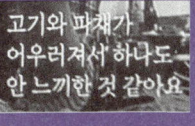

잘 살고 싶은 마음
오주환

초판 1쇄 발행 2018. 10. 2

글 오주환

사진 오주환

편집 오휘명

디자인 진다솜

　　　jindasom1041@gmail.com

기획 김상현

책임 김기용

인쇄 제본 창원문화사

펴낸곳 필름(Feelm)출판사

주소 대전광역시 서구 정림로 11

전화 010 2028 5255

팩스 070 7614 8226

이메일 feelmbook@naver.com

등록번호 제 2016-000019호

등록일자 2016년 6월 13일